DAS BESTE VON KOPENH

ROUTE 1 > INNENSTADT S. 18

Das atmosphärische historische Zentrum der Stadt besticht mit alten Gebäuden, lebendigen Plätzen und Einkaufsstraßen mit außergewöhnlichen Geschäften.

ROUTE 2 > FREDERIKSSTAD & DIE KLEINE MEERJUNGFRAU S. 38

Nördlich des quirligen Zentrums liegt der königliche Teil der Stadt. Hier findest du schöne Museen, Parks, Antiquitäten und natürlich die Kleine Meerjungfrau auf ihrem Felsen.

ROUTE 3 > SLOTSHOLMEN & CHRISTIANSHAVN S. 58

Slotsholmen, das politische Herz der Stadt, bietet viele Museen. In Christianshavn liegt der Freistaat Christiania, und Refshaleøen, immer noch vom Hafen geprägt, steht heute für eine nachhaltige Entwicklung.

ROUTE 4 > ØSTERBRO & NØRREBRO S. 78

Østerbro ist ein entspannter Stadtteil mit vielen prächtigen Gebäuden und luxuriösen Geschäften – und Nørrebro das genaue Gegenteil: ein dynamisches, multikulturelles und modernes Viertel.

ROUTE 5 > FREDERIKSBERG & VESTERBRO S. 98

Im eleganten Frederiksberg findest du verträumte Parks und schöne Geschäfte. Vesterbro, früher ein Arbeiterstadtteil, hat sich in den letzten Jahren zum angesagten Viertel verwandelt.

ROUTE 6 > MALMÖ S. 118

Auf der anderen Seite des Öresunds liegt Malmö. Auf Shoppingfreunde und Feinschmecker warten vor allem in den neuen und aufstrebenden Stadtteilen zahlreiche Highlights.

HAPPY TIME GUIDE KOPENHAGEN

Bereits nach den ersten Schritten, nachdem du deine Unterkunft verlassen hast, erwarten dich die schönsten Viertel der Stadt, die neuesten Restaurants, der beste Kaffee und vor Ort gebrautes Bier. Im **happy time guide** verraten dir unsere lokalen Autoren ihre ganz persönlichen Lieblingsorte – fernab von vollen, überall gleichen Einkaufsstraßen. Genieße jede Sekunde und hol das Beste aus deinem Städtetrip heraus.

AUF NACH KOPENHAGEN!

Entdecke Kopenhagen! Die Stadt ist berühmt für stilvolle Mode und dänisches Design. An jeder Ecke stößt du auf Kunst und Kultur. Du kannst nach Herzenslust shoppen, stundenlang spazieren gehen oder dich in einem der vielen Parks erholen. Du kannst im Stadtteil Kødbyen bis tief in die Nacht feiern oder im Sommer ein erfrischendes Bad an der Islands Brygge nehmen. Jedes Viertel hat seine besonderen Eigenheiten. Der **happy time guide** führt dich entspannt durch die Stadt; du erkundest sie in deinem eigenen Tempo und erlebst den Lifestyle der Bewohner.

Lass dich von den schmackhaften Gerichten der skandinavischen Küche überraschen. Unsere Routen führen dich zu den beliebtesten Restaurants, gemütlichsten Cafés und Bistros, zu Cocktailbars, Museen, Galerien, zu wunderbaren Antiquitätenläden, kleinen Boutiquen und zahlreichen Sehenswürdigkeiten – all die Orte in Kopenhagen, an denen wir uns selbst gerne aufhalten.

Außerdem enthält dieser Guide eine Route, mit der du das gemütliche Malmö erkunden kannst. Die größte Stadt Südschwedens ist von Kopenhagen aus rasch zu erreichen. Mit ihren klaren Linien ist sie eine Stadt voller Kunst und Kultur, historisch und gleichzeitig supermodern. Aber auch für die traditionelle Kaffeepause mit etwas Süßem – die Schweden nennen es *Fika* – und einen Spaziergang durch die Parks der Stadt ist Malmö einen Besuch wert.

Keines der von uns beschriebenen Geschäfte und Lokale hat dafür bezahlt, um im **happy time guide** erwähnt zu werden, weder für den Text noch für die Fotos. Alle Texte wurden von einer unabhängigen Redaktion geschrieben.

Best tips ever!

100% good time!

LOCAL
AMANDA VAN DEN HOVEN

STADT
KOPENHAGEN

ARBEIT & HOBBYS
WIRTSCHAFTS-ANALYTIKERIN

Es fällt Amanda schwer, ihre Lieblingsplätze auszuwählen, es gibt einfach zu viele davon. Für jeden Anlass hat Kopenhagen etwas Besonderes zu bieten – brunchen am Wochenende, nach Vintage-Design auf einem Flohmarkt stöbern, im Frederiksberg Have picknicken, Festivals im Park, ein Glas Wein am Wasser: Amanda ist verrückt nach Kopenhagen.

PRAKTISCHE INFOS

Anhand der sechs Routen, die wir im **happy time guide** beschreiben, erkundest du die schönsten Viertel der Stadt zu Fuß. Auf der Übersichtskarte auf den ersten Seiten kannst du sehen, durch welche Stadtteile die Routen verlaufen. Jede Route präsentieren wir dir anschließend auf einer detaillierten Karte am Anfang des jeweiligen Kapitels. In dieser findest du selbstverständlich alle Adressen, die von uns beschrieben werden. An der Farbe der Kreise erkennst du, was dich dort genau erwartet (siehe die Legende unten auf dieser Seite). In den jeweiligen Kapiteln wird jede Adresse ausführlich beschrieben. Wenn du nicht länger dort verweilst, dauert eine Route maximal drei Stunden. In der Routenbeschreibung sind auch die Entfernungen in Kilometern angeführt.

PREISANGABEN

Damit du eine Vorstellung von den Preisen in den Restaurants erhältst, findest du neben den Adressen immer eine Preisangabe. Sofern dort nichts anderes genannt wird, geben wir den durchschnittlichen Preis für ein Hauptgericht an. Die Eintrittspreise für Sehenswürdigkeiten sind Standardpreise, eventuell reduzierte Preise weisen wir nicht aus.

GUT ZU WISSEN

Kopenhagen und Malmö sind im Winter völlig anders als im Sommer. Im Winter kannst du stimmungsvoll beleuchtete Eislaufbahnen und Weihnachtsmärkte besuchen, die eine märchenhafte Atmosphäre schaffen. Im Sommer sind die Straßencafés bis auf den letzten Platz gefüllt und du kannst in einem der vielen Parks die Sonne genießen. Die Wintertage sind kurz – die Sonne scheint nur etwa von 9:00 bis 15:00 Uhr –, im Sommer bleibt es hingegen lange hell.

LEGENDE

- ● >> SEHENSWÜRDIGKEITEN
- ● >> ESSEN & TRINKEN
- ● >> SHOPPEN
- ● >> FREIZEITTIPPS

Die Währung in Dänemark und in Schweden sind Kronen. 100 dänische Kronen (Dkr) sind umgerechnet 13,45 Euro, 100 schwedische Kronen (Skr) sind ungefähr 10 Euro.

Die Geschäfte haben in der Regel von 10:00 bis 18:00 Uhr geöffnet. Samstags schließen sie etwas früher, teilweise sogar bereits um 15:00 Uhr. In der Innenstadt haben viele Geschäfte auch sonntags von 12:00 bis 16:00 Uhr geöffnet.

MUSEEN

Kopenhagen verfügt über ein großes Angebot an Museen, von der Klassik bis zur Moderne, von Malerei bis zu interaktiver Kunst. Im **happy time guide** findest du eine Auswahl unserer Favoriten; darüber hinaus gibt es aber noch viele weitere Museen zu entdecken. Auf der Webseite www.kbhmuseer.dk/en/ kannst du dich inspirieren lassen. Bei einigen Museen ist der Besuch an einem Tag in der Woche kostenlos. Außerdem haben Jugendliche bis 18 Jahre oft freien Eintritt. Übrigens: Auch in Malmö gibt es zahlreiche Museen – und auch dort ist der Eintritt oft kostenlos oder sehr günstig.

Meet the locals

COPENHAGEN CARD

Die Copenhagen Card ist sehr praktisch. Mit der Karte kannst du kostenlos alle Bus-, Metro- und Bahnlinien in Kopenhagen nutzen. Du erhältst Rabatte beim Eintritt in zahlreiche Museen, zu Sehenswürdigkeiten und Attraktionen und außerdem Vergünstigungen in vielen Restaurants und Cafés. Ausführlichere Infos findest du unter www.copenhagencard.com.

(ESS)GEWOHNHEITEN

Viele Dänen essen zur Mittagszeit *Smørrebrød*: eine Scheibe Roggenbrot, die mit knackigem Gemüse und verschiedenen Fischarten oder Aufschnitt belegt ist. Am Wochenende gehen die Dänen regelmäßig zum Brunch, den nahezu alle Restaurants auf ihrer Karte anbieten. Und für einen schnellen Hotdog gibt es in der ganzen Stadt zahlreiche Pølsevogne (Würstchenbuden).

Eine typisch schwedische Tradition ist die *Fika*, Kaffee oder Tee mit etwas Süßem. Diese Tradition wird richtig ernst genommen, plane also auf jeden Fall eine Pause dafür ein. In Malmö findest du zahlreiche gute *Fika*-Cafés. Auch beim Bewusstsein für gutes, gesundes Essen kommt den Schweden eine Vorreiterrolle zu. Daher gibt es in Malmö auch viele Restaurants mit Bio-, veganen oder Rohkostgerichten auf der Speisekarte.

Für Malmö und Kopenhagen gilt: In Restaurants oder Cafés ist es nicht üblich, Trinkgeld zu geben. Wenn du mit dem Service zufrieden bist und trotzdem ein Trinkgeld geben möchtest, wird das natürlich gern gesehen. In Cafés und Restaurants mit Mittagstisch wird dir das Essen an den Tisch gebracht, es wird aber erwartet, dass du an der Bar bestellst.

FESTIVALS

In Kopenhagen und Malmö gibt es viele aufregende Festivals. Im Folgenden findest du eine Auswahl an größeren Veranstaltungen, die meisten von ihnen finden jährlich statt.

Copenhagen Fashion Week (www.copenhagenfashionweek.com)
Überall in der Stadt finden Modenschauen statt, die Shows im Rathaus sind meistens kostenlos. Zu manchen der vielen Aftershow-Partys erhältst du auch

ohne Einladung Eintritt. Zudem gibt es zwei große Messen, die du kostenlos besuchen kannst, wenn du dich vorher registrierst.

CPH Distortion (www.cphdistortion.dk)
Dieses Straßenfestival an einem Abend im Mai oder Juni ist im Laufe der letzten Jahre enorm gewachsen. Es findet in Vesterbro, Nørrebro und Refshaleøen statt. Auf Refshaleøen gibt es mittlerweile sogar die Möglichkeit, zu campen.

Roskilde Festival (www.roskilde-festival.dk)
Eines der legendärsten Rock-Festivals Europas. Es findet jährlich in der ersten Juliwoche statt und dauert vier Tage. Der Campingplatz öffnet vier Tage vorher.

Copenhagen Jazz Festival (www.jazz.dk)
Jedes Jahr ab dem ersten Freitag im Juli nimmt der Jazz die Stadt für zehn Tage in Besitz. In ganz Kopenhagen gibt es von frühmorgens bis spätabends mehr als 800 Konzerte internationaler und dänischer Künstler.

CPH:Dox (www.cphdox.dk)
Eines der größten internationalen Dokumentarfestivals der Welt: Elf Tage lang werden Dokumentationen zu den unterschiedlichsten Themen gezeigt. Daneben gibt es viele Konzerte und Ausstellungen.

Malmöfestivalen (www.malmofestivalen.se)
Das größte Stadtfest Schwedens füllt jährlich im August eine Woche lang die Straßen und Plätze mit Menschen und Musik. Nationale und internationale Stars treten hier auf. Der Zutritt zu den Aktivitäten im Freien ist kostenlos.

Midzomer (www.malmofolketspark.se)
Der längste Tag des Jahres wird immer am Freitag zwischen dem 20. und 26. Juni von den Schweden ausgelassen gefeiert – eine beliebte Tradition, zu der Freunde und Familien zusammenkommen. Ein guter Treffpunkt ist der Folkets Park.

Big Slap (www.bigslap.se)
Das beliebte schwedische House-Festival Big Slap findet Anfang August auf Tallriken statt, in unmittelbarer Nähe des schönen Pilldamsparken.

NATIONALE FEIERTAGE

Neben Neujahr, Karfreitag, Ostersamstag, Ostersonntag, Christi Himmelfahrt, Pfingsten und Weihnachten gibt es in Dänemark noch zwei Feiertage, an denen Geschäfte und Museen geschlossen sind:

Donnerstag vor Ostern > Gründonnerstag (*Skärtorsdag*)
Vierter Freitag nach Ostern > Buß- und Bettag (*Store Bededag*)

An den übrigen Feiertagen – Befreiungstag (5. Mai), Verfassungstag (5. Juni), Waldemar-Tag (15. Juni), St. Hans (24. Juni) und St. Martin (10. November) – sind die Geschäfte und Museen ganz normal geöffnet.

In Schweden haben alle Geschäfte und Museen am Neujahrstag, am Mittsommertag und am 24. Dezember geschlossen. An anderen Feiertagen gelten die üblichen Sonntags-Öffnungszeiten. Die meisten Geschäfte öffnen dann von 12:00 bis 16:00 Uhr. Am Nachmittag vor einem gesetzlichen Feiertag haben viele Schweden frei.

HAST DU NOCH TIPPS?

Wir haben den **happy time guide** so sorgfältig wie möglich zusammengestellt. Allerdings ändert sich in Kopenhagen und Malmö das Angebot an Geschäften und Restaurants kontinuierlich. Wir versuchen, unsere Routen und die Adressangaben so aktuell wie möglich zu halten, indem wir jede Auflage genau kontrollieren. Wenn du trotz allem eine Adresse nicht mehr finden kannst oder andere Hinweise oder Tipps für uns hast, dann teile uns das gerne mit. Schreib uns einfach eine Mail an lektorat@verlagshaus.de.

VERKEHR

Die meisten Sehenswürdigkeiten in Kopenhagen liegen nah beieinander und in der Nähe der Innenstadt, sodass du die Stadt einfach zu Fuß erkunden kannst.

FLUGHAFEN

Mit der Metro brauchst du vom **Flughafen** Kastrup in die Innenstadt 20 Minuten. Alternativ kannst du einen Zug zum Københavns Hovedbanegård (Hauptbahnhof) nehmen. Beide Optionen kosten etwa 38 Dkr pro Fahrt (3 Zonen). Ein Taxi ins Stadtzentrum kostet etwa 250-350 Dkr.

ÖFFENTLICHER NAHVERKEHR

In Kopenhagen fährt die **Metro** rund um die Uhr. Zusammen mit der **S-Bahn**, die die Metro an zahlreichen Bahnhöfen kreuzt, ist ein dichtes Netz entstanden. Die Metro fährt fahrerlos; durch die großen Frontscheiben hat man einen fantastischen Blick in die Tunnel. Das Metronetz findest du am Ende dieses Guides.

Die meisten **Buslinien** halten am Rådhuspladsen (Rathausplatz) oder Københavns Hovedbanegård. Beim Busfahrer bekommst du Einzelfahrscheine (24 Dkr), es gibt aber auch Chipkarten zum Wiederaufladen. Mit diesen können auch mehrere Personen fahren. Achte darauf, immer ein Mindestguthaben von 100 Dkr auf der Karte zu haben.

Eine großartige Möglichkeit, sich innerhalb der Stadt zu bewegen und gleichzeitig einen Eindruck vom Hafen zu erhalten, ist der **Vandbus** (Wasserbus).

Mit der Copenhagen Card kannst du den Nahverkehr in Kopenhagen kostenlos nutzen – sogar bereits ab dem Flughafen (siehe S. 7 für nähere Informationen).

TAXI

Taxis findest du am Rådhuspladsen, am Haupteingang zum Tivoli und am Kongens Nytorv. Nachts und tagsüber gelten unterschiedliche Tarife; für eine Fahrt innerhalb der im **happy time guide** beschriebenen Viertel zahlst du bis Mitternacht etwa 80 bis 150 Dkr.

MALMÖ

Die **Züge** nach Malmö fahren dreimal pro Stunde vom Københavns Hovedbanegård zum Hauptbahnhof in Malmö (Fahrzeit 40 Minuten). Ein Rückfahrticket kostet 182 Dkr. Für Paare oder Familien bis max. fünf Personen, davon max. zwei über 16 Jahre, ist es günstiger, ein DSB-Öresund-Familienticket für 292 Dkr hin und zurück zu kaufen. Die Fahrkarten können am Automaten, im 7-Eleven oder am Fahrkartenschalter im Hauptbahnhof erworben werden.

RAD FAHREN

In nahezu keiner anderen Stadt der Welt ist **Rad fahren** so sicher und bequem wie in Kopenhagen. Die Stadt wurde bereits mehrere Male als beste Fahrradstadt der Welt ausgezeichnet. Es gibt zahlreiche Radwege und die Stadt ist nahezu eben – du musst dich also über keine Hügel quälen.

Architekten überlegen, wie man das Radfahren noch sicherer und besser machen kann. So wurden an vielen Stellen in Kopenhagen Radwege angelegt, die der Vision des dänischen Architekten Jan Gehl folgen: zwischen Gehwegen und geparkten Autos hindurch. Die Autos bieten dabei einen zusätzlichen Schutz für die Radfahrer. Außerdem gibt es Radschnellwege, auf denen du, ohne von Autos gestört zu werden, durch die Stadtteile fährst. Daneben wurden einige schöne Fahrradbrücken angelegt, die dich über viel befahrene Straßen oder das Wasser hinwegführen, unter anderem an verschiedenen Orten in Indrehavn (im Innenhafen).

Grundsätzlich sind Radfahrer ein so alltägliches Bild im Verkehr, dass andere Teilnehmer immer Rücksicht auf diese nehmen. Die Verkehrsregeln sind mit denen in Deutschland vergleichbar. Eine Besonderheit ist, dass man die Hand hochhalten muss, wenn man (plötzlich) auf einem geraden Weg anhalten muss.

Jede Fahrradwerkstatt und jedes Fahrradgeschäft bieten auch Leihräder an, die pro Tag zwischen 80 und 120 Dkr kosten. An den meisten Bahnhöfen und anderen zentralen Orten kannst du zudem E-Bikes mit einem Navigationssystem für 1 Dkr pro Minute mieten. Wer das Rad länger nutzen möchte, kann ein Abo abschließen, das jederzeit kündbar ist. Weitere Informationen findest du auf www.bycyklen.dk. Außer Fahrrädern kannst du auch überall **E-Scooter** (Voi oder Tier) mieten, mit denen du dich schnell und flexibel bewegen kannst.

In Malmö sind alle interessanten Orte fußläufig erreichbar; nur für den Stadtteil Västra Hamnen lohnt es sich, ein Rad zu mieten. Leihräder kannst du zum Beispiel für 80 Skr für 24 Stunden mieten. Die Fahrräder findest du an 50 verschiedenen Orten (siehe www.malmobybike.se).

TOP 10

RESTAURANTS

1 **Høst**: moderne skandinavische Küche > S. 112

2 Streetfood aus allen Teilen der Welt im **Reffen** > S. 70

3 Mediterrane Gerichte bei **Paté Paté** > Slagterboderne 1

4 Erlesene Weine und raffinierte Snacks im **Restaurant Pluto** > S. 53

5 Dim Sum und Cocktails im **Magasasa** > S. 110

6 Entspannt essen im **The Olive Kitchen** > Noerregade 22

7 Biopizzen bei **Neighbourhood** > S. 109

8 Weinbar „plus“: **Ancestrale** > Oehlenschlægersgade 1

9 Schnelle und reichhaltige Snacks im **Olioli** > S. 106

10 Bezahlbare Gerichte bei **Marv & Ben** > Snaregade 4

TOP 10 DESIGN & MODE

1 **Paustian v/ Strøget**: Klassiker und modernes skandinavisches Design > S. 33

2 Vintage und neue Designs in der **Bredgade** > S. 54

3 **Mads Nørgaard**: ein klassisches Modelabel > S. 113

4 Das beliebte Design von **Normann Copenhagen** > S. 94

5 Mode mit modernen Schnitten: **Won Hundred** > Ny Østergade 25

6 **Ganni Postmodern**: ein Muss für die stilbewusste Frau > S. 73

7 **Han Kjøbenhavn**: DIE Marke unter dänischen Hipstern > Vognmagergade 7

8 **Beau Marché**: (Vintage-)Design & Wein > Ny Østergade 32

9 Dänische Mode von **Baum und Pferdgarten** > Vognmagergade 2

10 Designermöbel und Accessoires von **Dansk** > Istedgade 80

TOP 10 SONNTAG

1 Nach Herzenslust brunchen bei **Sidecar** > S. 92

2 Picknick in der Sonne im **Kongens Have** > S. 42

3 Spaziergang durch **Søndermarken** und **Frederiksberg Have** > S. 114

4 Den Freistaat **Christiania** nicht verpassen > S. 66

5 Frühstück bei **Ipsen & Co** > S. 105

6 Schlendern und picknicken im **Assistens Kirkegård** > S. 82

7 Das alte Fort **Kastellet** besichtigen > S. 45

8 Den historischen Vergnügungspark **Tivoli** besuchen > S. 37

9 Eine **Rundfahrt** durch die Kanäle der Stadt machen > S. 57

10 Ein Kajak bei **Kayak Republik** mieten und die Stadt aus einer anderen Perspektive erkunden > S. 76

TOP 10 FREIZEITTIPPS

1. **Die Torvehallerne** erwarten dich mit vielen Leckereien > S. 34
2. Im Museum **Louisiana** vergeht der Tag wie im Flug > S. 138
3. Kunst und Mittagessen in der **Ny Carlsberg Glyptotek** > S. 22
4. **Den Blå Planet:** ausgefallenes Gebäude mit Aquarium > S. 142
5. Ausstellungen im **Dansk Arkitektur Center** > S. 62
6. Kontemporäre Kunst in der **Malmö Konsthall** > S. 122
7. Alles über die dänische Geschichte im **Nationalmuseet** > S. 65
8. Verschiedene Biere im **Carlsberg Visitors Center** probieren > Gamle Carlsberg Vej 11
9. **Tycho Brahe Planetarium**: die Sterne in 3-D-Filmen > S. 114
10. Bummeln im eleganten Warenhaus **Magasin du Nord** > Kongens Nytorv 13

ROUTE 1

INNENSTADT

INFOS ZUR ROUTE

Diese Route eignet sich besonders für alle, die gerne bummeln. Zudem führt sie dich zu vielen Restaurants, Cafés und Bars. Bei einem Spaziergang erkundest du das Herz der Stadt und umgehst dabei die von vielen Touristen bevölkerten Orte. Wenn du wenig Zeit hast, kannst du die Route jederzeit abkürzen.

DIE STADTTEILE

Das kleine historische Zentrum ist das wirtschaftliche Herz Kopenhagens. Entlang der großen Einkaufsstraßen **Strøget** und **Købmagergade** liegen die bekannten Markengeschäfte und berühmten Modehäuser. In den umliegenden Straßen wie der **Kompagnistræde** und **Studiestræde** findest du kleinere Boutiquen und gemütliche Bars und Bistros.

Strøget – Europas längste und älteste autofreie Einkaufsstraße – verläuft quer durch das Stadtzentrum und verbindet zwei bedeutende Plätze: **Rådhuspladsen** und **Kongens Nytorv**. Rådhuspladsen ist der Platz vor dem im Jahr 1905 errichteten Rathaus und einer der meistbesuchten Orte der Stadt. In der Nähe befindet sich der historische Vergnügungspark **Tivoli**. In Richtung des Kongens Nytorv liegen die eleganten, internationalen Modehäuser. Der Platz wird gesäumt von stattlichen Gebäuden wie **Det Kongelige Teater** (Königlich Dänisches Theater) und dem Warenhaus **Magasin du Nord**. Zur Erkundung lohnen sich auch die um den Platz liegenden Straßen und Gassen.

Nördlich von Strøget beginnt das **Latinerkvarteret** (das Lateinische Viertel). Hier befindet sich das **Universitätsgebäude** aus dem Jahr 1836, in dem auch heute immer noch die Universität untergebracht ist. Dieses gemütliche Viertel mit seinen farbenfrohen Gebäuden und mittelalterlichen Plätzchen zieht vor allem Studierende, aber auch andere Bewohner der Stadt an. Dort gibt es zahlreiche Geschäfte mit Antiquitäten, Restaurants und Cafés.

An der Købmagergade liegt der **Rund**
über die gesamte Stadt. Die Straße e
stärksten Bahnhof Kopenhagens. Hie
chen von stattlichen Gebäuden aus d
löst. Direkt am vor Kurzem renovierte
Torvehallerne, umsäumt von vielen

WENIG ZEIT? DAS SIND DIE HI

Torvehallerne + Ny Carlsberg Glypt
Paustian v/ Strøget + Gråbrødretor

Go & explore

I'm in love with cities I've never been to & people I've never met

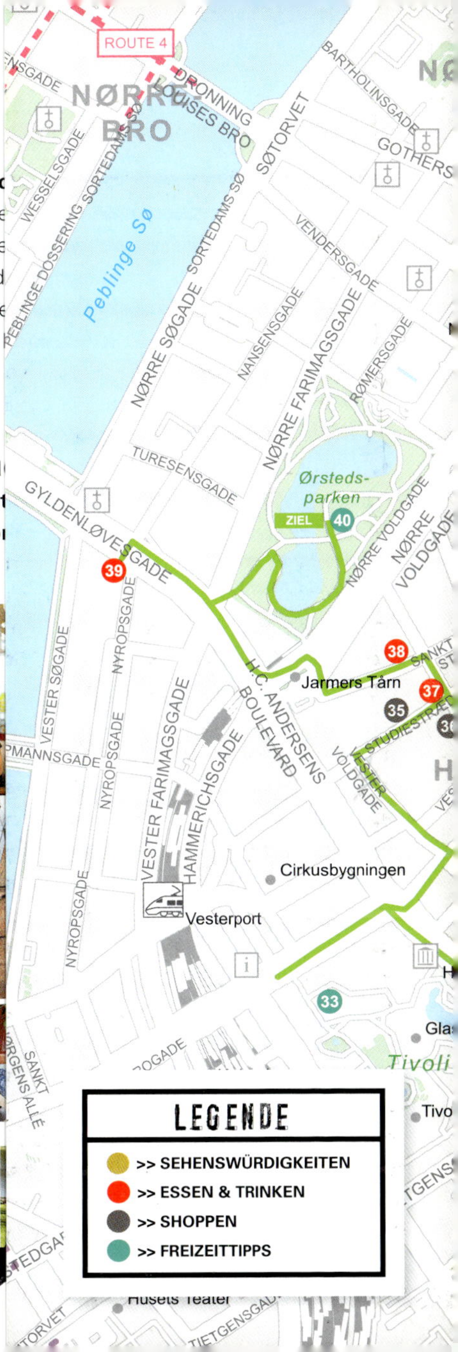

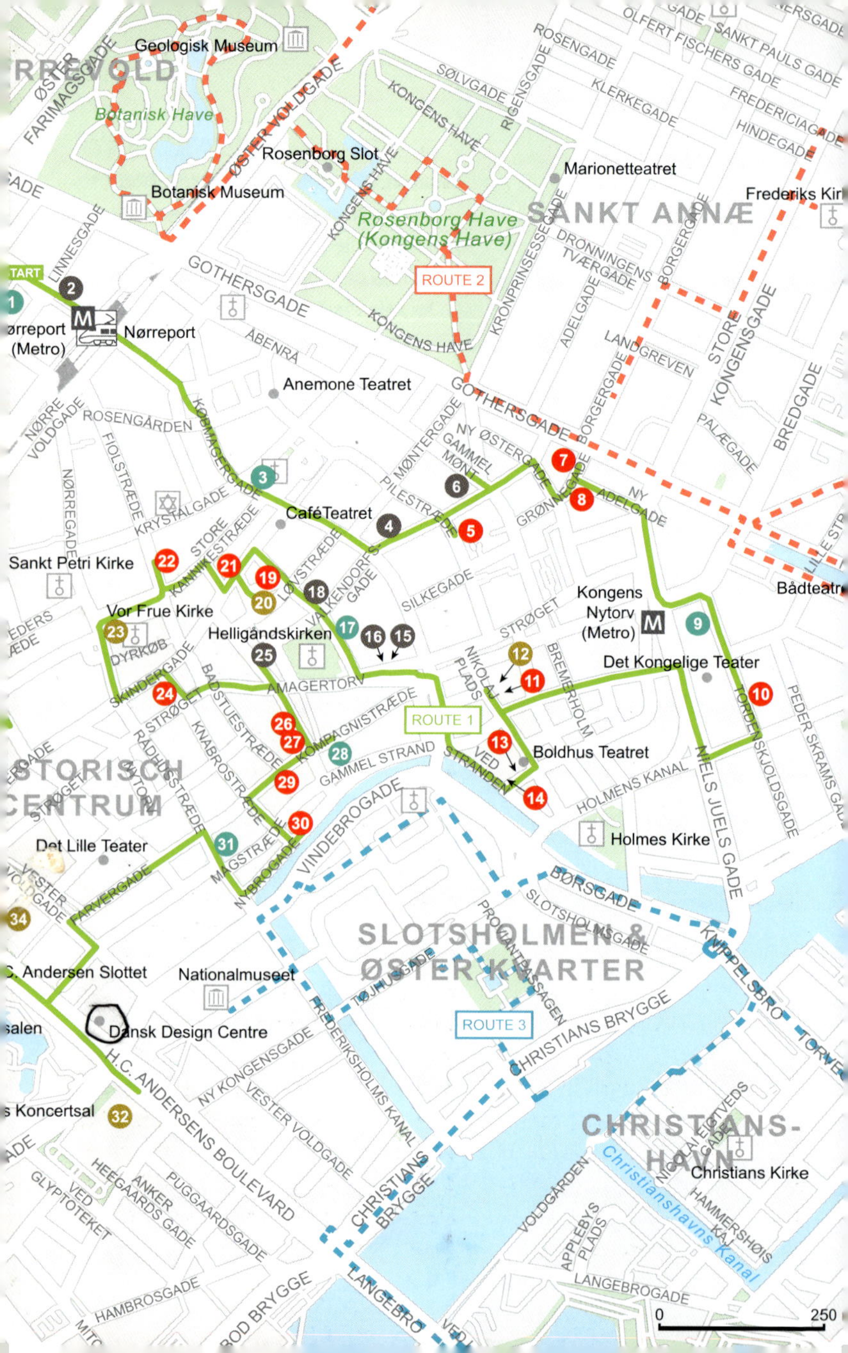
Geologisk Museum
Botanisk Have
Rosenborg Slot
Botanisk Museum
Marionetteatret
SANKT ANNÆ
Frederiks Kir
Rosenborg Have (Kongens Have)
ROUTE 2
START
Nørreport (Metro)
Nørreport
Anemone Teatret
CaféTeatret
Sankt Petri Kirke
Vor Frue Kirke
Helligåndskirken
Kongens Nytorv (Metro)
Bådteatr
Det Kongelige Teater
ROUTE 1
Boldhus Teatret
Holmes Kirke
Det Lille Teater
SLOTSHOLMEN & ØSTER KVARTER
Nationalmuseet
C. Andersen Slottet
Dansk Design Centre
ROUTE 3
Koncertsal
CHRISTIANS-HAVN
Christians Kirke
Christianshavns Kanal
GOTHERSGADE
KONGENS HAVE
SØLVGADE
ROSENGADE
OLFERT FISCHERS GADE
SANKT PAULS GADE
KLERKEGADE
FREDERICIAGADE
HINDEGADE
RIGENSGADE
ØSTER VOLDGADE
FARIMAGSGADE
LINNESGADE
ÅBENRÅ
KRONPRINSESSEGADE
DRONNINGENS TVÆRGADE
ADELGADE
BORGERGADE
LANDGREVEN
STORE KONGENSGADE
BREDGADE
PALÆGADE
NØRRE VOLDGADE
ROSENGÅRDEN
FIOLSTRÆDE
NØRREGADE
KØBMAGERGADE
KRYSTALGADE
STORE KANNIKESTRÆDE
LØVSTRÆDE
VALKENDORFSGADE
PILESTRÆDE
MØNTERGADE
NY ØSTERGADE
GAMMEL MØNT
GRØNNEGADE
NY ADELGADE
SILKEGADE
STRØGET
NIKOLAJ PLADS
BREMERHOLM
TORDENSKJOLDSGADE
PEDER SKRAMS GADE
DYRKØB
SKINDERGADE
AMAGERTORV
KOMPAGNISTRÆDE
GAMMEL STRAND
BADSTUESTRÆDE
KNABROSTRÆDE
RÅDHUSSTRÆDE
MAGSTRÆDE
NYBROGADE
VED STRANDEN
HOLMENS KANAL
NIELS JUELS GADE
VINDEBROGADE
BØRSGADE
SLOTSHOLMSGADE
KNIPPELSBRO
TORVE
PROVIANTPASSAGEN
TØJHUSGADE
CHRISTIANS BRYGGE
FARVERGADE
VESTER VOLDGADE
FREDERIKSHOLMS KANAL
NY KONGENSGADE
H.C. ANDERSENS BOULEVARD
NICOLAI EIGTVEDS GADE
HAMMERSHØIS KAJ
VOLDGÅRDEN
APPLEBYS PLADS
LANGEBROGADE
LANGEBRO
HAMBROSGADE
BOD BRYGGE
PUGGAARDSGADE
ANKER HEEGAARDS GADE
VED GLYPTOTEKET
0
250

BESCHREIBUNG ROUTE 1 (ca. 8,3 km)

Du startest an der gemütlichen Markthalle 1 und der Einrichtungsboutique 2 gehst am Bahnhof Nørreport vorbei über den Kulttorvet zur Købmagergade. Die Aussicht über die Stadt ist vom Runden Turm fantastisch 3. Schlendere weiter bis zur Kronprinsensgade, nimm dir Tee mit nach Hause 4 oder gib dich den Genüssen der Seitenstraßen hin 5 6 7 8. Gehe über die Ny Adelgade zum Kongens Nytorv mit dem prächtigen Theater 9. Biege dort rechts ab zur stilvollen Hotelbar 10. Folge der Straße, biege rechts und sofort noch einmal rechts ab und gehe am Warenhaus Magasin du Nord vorbei in die Vingårdstræde. Stärke dich hier 11 oder schau dir in der Kirche die Ausstellung an 12. Mit dieser im Rücken gehst du nach links in die Admiralgade. Dort kannst du zu deiner Rechten einen Kaffee 13 oder ein Glas Wein 14 genießen. Biege nach rechts ab in Richtung der Statue des Bischofs Absalon auf dem Strøget. Lasse dich von skandinavischem Einrichtungsdesign in den Bann ziehen 15 16, gehe nach rechts in die Niels Hemmingsens Gade zu einem Shop 18 und einem Club für den Abend 17. In dieser Straße befindet sich auch eine schöne Cocktailbar 19. Zum Essen gehe nach links durch die Skindergade zum Gråbrødretorv 20 21 oder über die Lille und Store Kanikkestræde zur Fiolstræde 22. An der Frauenkirche 23 vorbei kommst du zurück zur Nørregade, weiter nach links und dann nach rechts, um den Lunch mit etwas Gebäck abzurunden 24. Links gibt es wieder eine Einkaufsstraße. Am Lego-Flagshipstore gehst du nach links für hippe Sneaker 25 oder nach rechts für eine schöne Dinner- 26 oder Brunch-Adresse 27. Wieder links lockt vielleicht eine spannende Ausstellung 28, rechts in der Kompagnistræde ein leckerer Kaffee 29 und kleine Boutiquen. Biege nach links in die Knabrostræde ab und gehe weiter in Richtung des Kanals zur ältesten Cocktailbar der Stadt 30. Wenn du Lust auf Brettspiele hast, biege hier zweimal rechts ab 31. Über die Farvegade gelangst du zum Rathaus. Biege links und dann rechts ab, überquere die große Straße und du erreichst die Glyptothek 32 und die Attraktionen des Tivoli 33. Gehe über den H.C. Andersens Boulevard am Haupteingang vorbei und weiter nach links oder überquere rechts den Rathausplatz 34 und gehe entlang der Politikens Boghal in Richtung Studiestræde zu Vintage-Buchläden 35 36 und einem gemütlichen Café 37. Zweimal nach links, dann erreichst du ein schönes Restaurant 38. In Richtung der großen Straße beendest du die Route mit einem Drink 39 oder einem Besuch des schönen Ørstedsparken 40.

SEHENSWÜRDIGKEITEN

⑫ Die Sankt Nikolaj Kirke (Sankt Nikolaj Kirche) beherbergt derzeit die ausgefallene **Nikolaj Kunsthal** (Kunsthalle) mit progressiven Ausstellungen zeitgenössischer Kunst. Der Schwerpunkt liegt oft auf aktuellen politischen, sozialen und kulturellen Problemen der Gesellschaft. Hier präsentieren sowohl dänische als auch internationale Künstler ihre Arbeit.

Nikolaj Plads 10, www.nikolajkunsthal.dk, Telefon 33181780, Öffnungszeiten Di–Fr 12:00–18:00, Sa–So 11:00–17:00, Eintritt 70 Dkr, Mi gratis, Metro Kongens Nytorv

⑳ Erst 1968 hat sich der **Gråbrødretorv** in den schönen Platz von heute verwandelt. Seine Geschichte reicht bis ins Jahr 1238 zurück, als dort ein Franziskanerkloster gegründet wurde. Der Platz trägt den Namen des Klosters der Gråbrødre (Grauen Brüder), das von 1238 bis 1530 hier stand. Danach hatte der Ort viele andere Funktionen – zum Beispiel die eines Bunkers während des Zweiten Weltkriegs. Heute lädt er mit seinen vielen Cafés zum Verweilen ein.

Gråbrødretorv, Metro Nørreport

㉓ Das ursprüngliche Gebäude der **Vor Frue Kirke** (Frauenkirche) von 1209 wurde durch mehrere Brände und Bombenangriffe unwiederbringlich zerstört. 1829 wurde die heutige Kirche im neoklassischen Stil erbaut und nimmt heute zu nationalen Anlässen eine bedeutende Rolle ein. Unter anderem heiratete hier 2004 der dänische Kronprinz. Unter dem Namen *Natkirken* gibt es auch regelmäßig abendliche Veranstaltungen, zum Beispiel mit elektronischer Musik.

Nørregade 8, www.domkirken.dk, Telefon 33151078, Öffnungszeiten Mo–Do & Sa 8:30–17:00, Fr 8:30–10:30 & 12:00–17:00, So 12:00–16:30, Eintritt gratis, Metro Nørreport

㉜ Das Museum **Ny Carlsberg Glyptotek** ist eines der vielen Geschenke, die der reiche Besitzer der Brauerei Carlsberg der Stadt Kopenhagen gemacht hat. Die Glyptothek beherbergt unter anderem eine ägyptische Abteilung mit Mumien und Gräbern. Unter der riesigen Kuppel in der Mitte des Museums befindet sich ein Garten mit subtropischen Pflanzen aus dem 19. Jahrhundert.

Dantes Plads 7 (Eingang am H. C. Andersens Boulevard), www.glyptoteket.dk, Telefon 33418141, Öffnungszeiten Di–Mi & Fr–So 10:00-17.00, Do 10:00-21:00, Eintritt 115 Dkr, Di gratis, S-Bahn Københavns Hovedbanegård, Bus 1a, 2a, 9a, 37 Glyptoteket

Let your feet
take you there
Niels Hemmingsens
Gade

㉞ Am Rådhuspladsen befindet sich das **Rådhus** (Rathaus) van Kopenhagen. Bei dessen Bau im Jahr 1905 ließen sich die Architekten vom Rathaus von Siena inspirieren. Das macht das Gebäude zu einer Mischung aus dänischer Architektur und italienischem Renaissancestil. Eine Besonderheit ist die Weltzeituhr von Jens Olsen. Einige Räume und der Turm sind nur mit Führung zugänglich. Rådhuspladsen 1, www.kk.dk/artikel/rundvisninger-paa-raadhuset, Telefon 33662586, Öffnungszeiten Mo–Fr 9:00–16:00, Sa 9:00–13:00,, englischsprachige Führung Mo–Fr 13:00, Sa 10:00, Turmführung Mo–Fr 11:00 & 14:00, Sa 12:00, Eintritt gratis, Führung 60 Dkr, Turm 40 Dkr, Bus 2a, 5a, 6a Rådhuspladsen

ESSEN & TRINKEN

⑤ Sich gesund und natürlich zu ernähren wird immer beliebter. Vegetarische und vegane Kost ist an immer mehr Orten in der Stadt anzutreffen, auch Raw Food ist auf dem Vormarsch. Dabei werden alle pflanzlichen Zutaten maximal auf 42 Grad erhitzt und langsam gegart. **42° Raw** wurde vollständig um dieses

Konzept herum entwickelt, zudem sind alle Speisen glutenfrei. Wähle zwei oder drei verschiedene Salate, damit du alle Geschmacksrichtungen probieren kannst. Pilestræde 32, www.42raw.dk, Telefon 32123210, Öffnungszeiten Mo–Fr 8:00–20:00, Sa–So 9:00–18:00, Preis Salat ab 89 Dkr, Metro Kongens Nytorv

⑦ In einem besonderen Gebäude aus dem Jahr 1689 befindet sich das stilvolle **Restaurant Grønnegade**. Dank der Arbeit eines bekannten dänischen Blumenstilisten ist auch das Interieur ungewöhnlich. Vor allem im Winter ist es ein warmer, gemütlicher Ort, um zu essen und zur Ruhe zu kommen. Die Küche ist modern, dänisch und überrascht mit besonderen Geschmackserlebnissen. Grønnegade 39, www.groennegade.dk, Telefon 33933133, Öffnungszeiten Mo–Sa 17:00–0:00, Preis Drei-Gänge-Menü 475 Dkr, Metro Kongens Nytorv

⑧ Bei **Far's Dreng** werden so viele regionale Bioprodukte wie möglich verwendet. Alles ist so schmackhaft wie schön – absolut instagramtauglich! Hier kannst du frühstücken, brunchen oder (spät) zu Mittag essen, aber auch nur einen Kaffee oder ein Glas Wein trinken. Die Speisekarte umfasst auch Vegetarisches. Ny Adelgade 7, www.farsdreng.com, Telefon 30868989, Öffnungszeiten Mo–Fr 8:00–18:00, Sa 9:00–18:00, So 9:00–16:00, Preis Frühstücksmenü oder Lunch ab 50 Dkr, Metro Kongens Nytorv

⑩ Das derzeit angesagteste Hotel Kopenhagens ist das **Hotel Sanders**. Es bietet Frühstück, Mittag- und Abendessen an, zudem kannst du einen schicken Cocktail oder ein gutes Glas Wein genießen. Alle Räume sind sehr stilvoll eingerichtet – zum Beispiel der Living Room mit Kamin oder die Dachterrasse. Tordenskjoldsgade 15, hotelsanders.com, Telefon 46400040, Öffnungszeiten Restaurant Mo–So 7:00–23:00, Cocktailbar So–Mi 17:00–1:00, Do–Sa 17:00–2:00, Preis Frühstück ab 90 Dkr, Glas Wein 95 Dkr, Metro Kongens Nytorv

⑪ In einem Seitenflügel der Sankt Nikolaj Kirke befindet sich das gemütliche Restaurant **Maven** („der Bauch"). Der Innenraum mit Glasfenstern, rustikalen Tischen und tropfenden Kerzenständern versprüht die Atmosphäre eines Gasthauses aus dem 18. Jahrhundert. Gleichzeitig läuft im Hintergrund Jazzmusik. Nikolaj Plads 10, www.restaurantmaven.dk, Telefon 32201100, Öffnungszeiten Mo–Sa 11:30–22:00, Preis ab 195 Dkr, Metro Kongens Nytorv

⑬ In der **CUB Coffee Bar** (CUB = Copenhagen Underground Brewers) erwartet dich in einem ultramodernen, supergemütlichen Kellerraum ein Team leidenschaftlicher Kaffeeliebhaber mit frisch gerösteten Bohnen, um dir Kaffee von höchster Qualität und frisch gebackene Zimtbrötchen zu servieren.
Bboldhusgade 6, www.cubcoffeebar.com, Telefon 61288971, Öffnungszeiten Mo–Fr 7:30–18:00, Sa–So 10:00–17:00, Preis Americano 28 Dkr, Metro Kongens Nytorv, Bus 1a, 2a, 9a, 26, 37 Christiansborg (Vindebrogade)

⑭ **Ved Stranden 10** hat eine riesige Auswahl an hauptsächlich europäischen Weinen, die ausschließlich auf Empfehlung ausgeschenkt werden. Jeden Mittwoch um 17:00 Uhr findet hier eine (informelle) Weinverkostung statt, bei der du ohne Anmeldung vier bis sechs Weine sehr günstig probieren kannst.
Ved Stranden 10, www.vedstranden10.dk, Telefon 35424040, Öffnungszeiten Mo–Sa 12:00–22:00, Preis ab 55 Dkr je Glas, Weinprobe 150 Dkr, Metro Kongens Nytorv, Bus 1a, 2a, 9a, 26, 37 Christiansborg (Vindebrogade)

⑲ **The Jane** ist ein Club im Herzen des historischen Stadtkerns. Die verschiedenen House-DJs legen einen Mix aus Elektronik, Pop und R&B auf. Das warme, hölzerne Interieur verströmt ein intimeres Ambiente als viele andere Clubs.
Gråbrødretorv 8, Kld. 1154, www.thejane.dk, Telefon 26134510, Öffnungszeiten Do 20:00–3:00, Fr & Sa 20:00–5:00, Preis Cocktail 90 Dkr, Bier 50 Dkr, Metro Nørreport

㉑ Das gemütliche, gut besuchte **Flottenheimer** liegt direkt am Gråbrødretorv und hat im Sommer eine kleine Terrasse. Die abwechslungsreiche Speisekarte bietet viele vegetarische Optionen. Sehr erfrischend: hausgemachte Limonade.
Skindergade 20, www.cafeflottenheimer.dk, Telefon 35383212, Öffnungszeiten Mo–Do 10:00–22:30, Fr 10:00–2:00, Sa 9:30–2:00, So 9:30–22:00, Preis Brunch 135 Dkr, Hauptgericht 125 Dkr, S-Bahn & Metro Nørreport

㉒ **Paludan Bog & Café** liegt in unmittelbarer Nähe der Universität und ist auch eine Buchhandlung – allerdings in erster Linie mit Büchern in dänischer Sprache! Die großzügigen Portionen und die Qualität sind verführerisch.
Fiolstræde 10–12, www.paludan-cafe.dk, Telefon 33150675, Öffnungszeiten Mo–Do 9:00–22:00, Fr 9:00–23:00, Sa 10:00–23:00, So 10:00–22:00, Preis Brunch 109 Dkr, Sandwich 99 Dkr, Metro Nørreport

11

5
42°RAW

8

37

37
Øko Brunch
STOR LATTE
50,-
Milkshakes
Frozen Frush
Fresh Fruit Juices
Øko Kanelsnegl 25,-
MED/UDEN
CHOKOLADE
Brownie

(24) **La Glace** gilt nicht nur als die älteste, sondern auch als die beste Konditorei Kopenhagens. Jeden Tag werden hier viele Arten von sogenannten *Lagkager* und andere leckere Süßigkeiten hergestellt. Genieße dieses luxuriöse Gebäck mit weicher Sahne, Mousse oder Creme in einer klassischen Umgebung, die teilweise noch aus dem Jahr 1890 stammt.

Skoubogade 3, www.laglace.dk, Telefon 33144646, Öffnungszeiten Mo–Fr 8:30–18:00, Sa 9:00–18:00, So 10:00–18:00, Preis Tortenstück 62 Dkr, Metro Nørreport

(26) Das Restaurant **Tight** bietet eine nordeuropäische Küche mit südlichem Einschlag. Vom Burger bis zum Angussteak und von Muscheln bis zum Hummer ist hier alles erhältlich, sodass jeder etwas findet, was er gerne isst.

Hyskenstræde 10, tight-cph.dk, Telefon 33110900, Öffnungszeiten Mo–Do 11:30–23:00, Fr–Sa 11:30–1:00, So 17:00–23:00, Preis Hauptgericht 179 Dkr, Metro Kongens Nytorv

(27) Der Name **Frenchy** lässt es bereits erahnen: Hier gibt es kein dänisches *Smørrebrød*, sondern Brunch, Mittag- oder Abendessen im französischen Stil. Der Favorit unter den französischen Lokalen serviert herrliche Salate, Sandwiches und Quiches mit einem schönen Glas Wein.

Hyskenstræde 16, www.frenchy.dk, Telefon 31456446, Öffnungszeiten Mo–Fr 9:00–21:00, Sa 9:00–18:00, So 9:00–16:00, Preis Lunch ab 99 Dkr, Metro Kongens Nytorv

(29) In einem prächtigen alten Gebäude liegt **Kompa' 9**, eine Kaffee- und Lunch-Bar, die ökologischen Kaffee, Tee, Frühstück und Mittagessen zu guten Preisen anbietet. Probiere (eine moderne Interpretation des) *Smørrebrød* oder *Æblegrød* (Apfel-Hafermalzbrei). Trinke dazu eine traditionelle Hancock-Limonade oder, wenn es draußen etwas frischer ist, einen *varme Æblemost* (warmen Apfelsaft) mit Chili und Ingwer.

Kompagnistræde 9, fb kompa9, Telefon 33123125, Öffnungszeiten Mo–Fr 8:00–18:00, Sa–So 9:00–18:00, Preis Kaffee ab 25 Dkr, *Smørrebrød* 79 Dkr, Metro Kongens Nytorv

(30) Regel 23 von **Ruby**: „Girls hang out, apply make-up and have long talks in the bathroom. Men don't." Das Ruby ist eine der besten Cocktailbars der Welt und das Personal kann dir alles über die Gastronomie und die Getränke erzählen. Von draußen sieht man nicht einmal, dass hier ein Club ist, aber sobald man durch die Türen tritt, taucht man in sein klassisches Ambiente ein, in dem man

auf einem Chesterfield spektakuläre Cocktails genießen kann. Donnerstags, freitags und samstags kann es sein, dass du draußen anstehen musst.
Nybrogade 10, rby.dk, Telefon 33931203, Öffnungszeiten Mo–Sa 16:00–2:00, So 18:00–2:00, Preis Cocktail ab 120 Dkr, Metro Kongens Nytorv

(37) Am Kamin aufwärmen und neue Kraft tanken? Dann nichts wie hin zu **The Living Room**. In diesem gemütlichen Café fühlt man sich sofort wie zu Hause und kann hervorragend entspannen. Probiere eines der leckeren Sandwiches oder die hausgemachten Kuchen. Die Zutaten sind meist biologisch. Abends kannst du hier mit Freunden Cocktails trinken oder einfach auf einem der altmodischen Ledersessel oder Stoffsofas faulenzen.
Larsbjørnsstræde 17, fb the living room, Telefon 33326610, Öffnungszeiten Mo–Do 8:00–19:00, Mi–Do 8:00–23:00, Fr 8:00–2:00, Sa 9:00–2:00, So 9:00–19:00, Preis Sandwich ab 39 Dkr, Kaffee 29 Dkr, Happy Hour 2 Cocktails für 110 Dkr, Metro Nørreport, S-Bahn Vesterport

(38) Nach jahrelanger (Michelin-)Erfahrung in Spitzenrestaurants hat Küchenchef Mads Rye Magnusson sein eigenes Restaurant eröffnet. Das **Meille** verwöhnt mittags mit dem preisgekrönten *Smørrebrød* und abends mit einem luxuriösen Drei- oder Fünf-Gänge-Menü. Alle Gerichte werden aus nachhaltigen, regionalen Produkten hergestellt und eignen sich auch für den kleinen Geldbeutel.
Sankt Peders Stræde 24a, www.restaurant-meille.dk, Telefon 53651453, Öffnungszeiten Di–Mi 17:00–0:00, Do–So 12:00–15:00 & 17:00–0:00, Preis Drei-Gänge-Menü 300 Dkr, S-Bahn Centraal Station oder Nørreport, Bus 5c, 6a, Teglgårdstræde & Rådhusstræde

(39) In der exotischen Oase des **Hotels Manon les Suites** fragt man sich, ob man immer noch in Kopenhagen ist. Der Swimmingpool in der Mitte des Atriums des Hotels, der vollständig von tropischen Pflanzen umgeben ist, verleiht einem eher das Gefühl, in den Tropen zu sein. Während des Lounge Fridays, an jedem ersten Freitag im Monat, kannst du Cocktails genießen und ein Bad im Pool nehmen.
Gyldenløvesgade 19, guldsmedenhotels.com/manon-les-suites/, Telefon 45700015, Öffnungszeiten Poolbar Fr–So 18:00–23:00, Rooftopbar tgl. 7:00–Open End, Preis Cocktail ab 95 Dkr, Lounge Fridays Eintritt 75 Dkr + 150 Dkr für das Schwimmbad, S-Bahn Vesterport, Bus 37 H. C. Andersens Boulevard

SHOPPEN

② **Stilleben** ist eine Boutique voller schöner Accessoires. Die Gründerinnen Ditte und Jelena freundeten sich während ihres Studiums der Glas- und Keramikkunst an der Königlich Dänischen Kunstakademie an und eröffneten 2002 die erste ihrer beiden Boutiquen.

Frederiksborggade 22, www.stilleben.dk, Telefon 22451131, geöffnet Mo–Fr 10:00–18:00, Sa 10:00–17:00, So 11:00–16:00, Metro Nørrebro

④ Teeliebhaber dürfen sich den winzigen **A.C. Perch's Thehandel** nicht entgehen lassen. Das Geschäft öffnete bereits 1835 und ist damit eines der ältesten Teegeschäfte Europas. Hier erwartet dich pure Nostalgie. Der lose Tee wird immer noch mit Kupfergewichten gewogen. Perch verfügt über einen eigenen Tearoom, in dem du alle Sorten probieren kannst (Reservierung erforderlich).

Kronprinsensgade 5, www.perchs.dk, Telefon 33153562, Öffnungszeiten Mo–Fr 9:00–17:30, Sa–So 10:00–17:00, Preis Kuchen des Tages mit einer Kanne Tee Ihrer Wahl 150 Dkr, Metro Kongens Nytorv

⑥ Die kleine Boutique **Sui Ava** ist wie ein Süßwarengeschäft, aber für Haar-Accessoires – in sämtlichen Farben des Regenbogens und zu fairen Preisen.
Gammel Mønt 23, suiava.dk, Öffnungszeiten Di–Fr 11:00–18:00, Sa 11:00–16:00, Metro Kongens Nytorv

⑮ Im Flagshipstore von **Royal Copenhagen**, Dänemarks königlichem Porzellanlieferanten, wird nicht nur eigenes, sondern auch Porzellan von anderen Herstellern verkauft. In den oberen Stockwerken befindet sich ein Museum zur Unternehmensgeschichte und du kannst bei der Herstellung zusehen.
Amagertorv 6, www.royalcopenhagen.com, Telefon 33137181, Öffnungszeiten Mo–Fr 10:00–19:00, Sa 10:00–18:00, So 11:00–16:00, Metro Kongens Nytorv

⑯ Bei **Illums Bolighus** findest du alles, was du für dein Zuhause benötigst – Wohn- und Küchenutensilien von dänischen Designern wie Erik Bagger, Geschirr von Georg Jensen oder Produkte der dänischen Marke Bodum. Und wenn du dich in eine Schüssel verliebt hast, aber dein Portemonnaie nicht mitspielt: In Frederiksberg gibt es Fabrikverkäufe von Royal Copenhagen und Georg Jensen.
Amagertorv 10, www.illumsbolighus.dk, Telefon 33141941, Öffnungszeiten Mo–Do & Sa 10:00–19:00, Fr 10:00–20:00, So 11:00–18:00, Metro Kongens Nytorv

⑱ Im 19. Jahrhundert befand sich in diesem schönen Gebäude noch eine Bank, heute ist dort der Concept Store **v/ Strøget** der Designmöbelfirma **Paustian**. Eine überwältigende Sammlung von Stilikonen erweckt den Raum zum Leben – von echten Klassikern bis hin zu modernem Design. Leider ist die Kollektion sehr teuer.
Niels Hemmingsens Gade 24, www.paustian.com, Telefon 39166503, Öffnungszeiten Mo–Sa 10:00–18:00, So 11:00–16:00, Metro Kongens Nytorv & Nørreport

㉕ Bei **Naked** findest du trendige Sneaker, die auch von den Kopenhagenern mit Begeisterung getragen werden. Das Besondere: Es gibt nur Sneaker für Frauen … und ein bisschen Sportkleidung, ganz ohne Schnickschnack.
Klosterstræde 10, www.nakedcph.com, Telefon 33158380, Öffnungszeiten Mo–Do 11:00–18:00, Fr 11:00–19:00, Sa 11:00–17:00, So 12:00–16:00 (1. und letzter So im Monat), Metro Kongens Nytorv & Nørreport

㉟ Versteckt in einem Innenhof liegt **København K Secondhand**, einer der größten und beliebtesten Vintage-Läden Kopenhagens. Hier findest du Kleidung und Accessoires für Männer und Frauen: Retro-T-Shirts, Schuhe, Lederjacken, Holzfällerhemden, Paillettenkleider und noch vieles mehr.
Studiestræde 32, koebenhavnk.com, Telefon 33731519, Öffnungszeiten Mo–Do 11:00–18:00, Fr 11:00–19:00, Sa 11:00–17:00, Metro Nørreport, S-Bahn Vesterport

㊱ Pelzmäntel, Lederstiefel und opulente Cocktailkleider: Für den Vintage-Liebhaber sind die Larsbjørnsstræde und die umliegenden Straßen ein echtes Muss. Besuche zum Beispiel **Carmen**, einen der ältesten Vintage-Läden Kopenhagens. Hier gibt es einzigartige Kleidung bekannter Marken, coole Accessoires wie Seidentücher und vor allem viele Drucke und leuchtende Farben.
Larsbjørnsstræde 5, fb carmen, Telefon 26833036, Öffnungszeiten Mo–Do 11:00–18:00, Fr 11:00–19:00, Sa 10:00–17:00, Metro Nørreport, S-Bahn Vesterport

FREIZEITTIPPS

① **Torvehallerne** ist der beste Ort, um deine Geschmacksknospen zu kitzeln. In den modernen Markthallen mit mehr als 60 Ständen findest du unterschiedlichste Lebensmittel von höchster Qualität. Probiere zum Beispiel die einzigartigen Käsesorten von **Arla Unik**, den überraschend bunten Brei von **Grød** oder die Chocolaterie von **Summerbird**.
Frederiksborggade 21, www.torvehallernekbh.dk, Öffnungszeiten Mo–Fr 10:00–19:00, Sa–So 10:00–18:00, Metro Nørreport

② Der Touristenmagnet **Rundetaarn** (runder Turm) war ursprünglich ein Observatorium. Heute finden hier regelmäßig Ausstellungen und Konzerte statt. Natürlich kannst du aber auch heute noch Sterne und Planeten anschauen. Der Turm liegt im Herzen des Stadtzentrums und bietet dir einen fantastischen Ausblick auf Kopenhagen. Nur die letzten Meter musst du über Treppen gehen, ansonsten gelangst du über einen spiralförmigen Gang nach oben.
Købmagergade 52a, www.rundetaarn.dk, Telefon 33730373, Öffnungszeiten April–Sept. täglich 10:00–20:00, Okt.–März 10:00–18:00, Eintritt 40 Dkr, Metro Nørreport

25

18

18

18

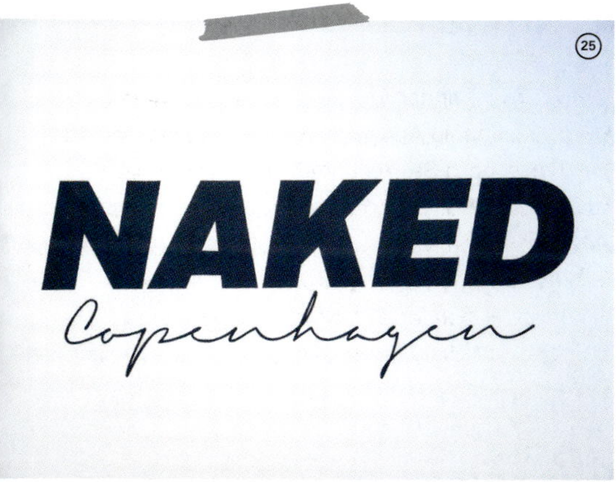
25
NAKED
Copenhagen

⑨ Am Kongens Nytorv steht seit 1748 **Det Kongelige Teater** (das Königlich Dänische Theater). Das imposante Gebäude wird abends herrlich angestrahlt. Hauptsächlich werden Ballettvorstellungen aufgeführt. Wenn dich das nicht interessiert, kannst du auch an einer Führung teilnehmen. Karten für alle Aufführungen in den Theatern der Stadt erhältst du am kleinen Kiosk neben dem Eingang. Kongens Nytorv, www.kglteater.dk, Telefon 33696933, Öffnungszeiten Juli–Aug. Führung So 11:00, Preis Führung 135 Dkr, Metro Kongens Nytorv

⑰ Das **Hotel Cecil**, eine der neuesten Attraktionen Kopenhagens, ist – auch wenn der Name etwas anderes vermuten lässt – kein Hotel. Hier finden unterschiedliche Konzerte, von dänischen bis zu internationalen Talenten, sowie Comedy-Abende und Talkshows statt. Jeden Samstagabend öffnet **Cecil AM** seine Tore, ein Club, in dem zumeist zu Funk- und Musik aus den 80ern getanzt wird. Niels Hemmingsens Gade 10, www.hotelcecil.dk, Telefon 50330228, Öffnungszeiten Bar Do 18:00–0:00, Fr 18:00–2:00, Sa 18:00–4:00, Cecil AM Sa 23:00–4:00, Eintritt Cecil AM gratis bis 0:00, danach 80 Dkr; Eintritt für andere Konzerte je nach Programm, Metro Kongens Nytorv

㉗ **Gl. Strand Kunstforeningen** ist eine Kunsthalle, die 1825 als Bindeglied zwischen der Königlich Dänischen Akademie der Schönen Künste und der breiten Öffentlichkeit eröffnet wurde. Die Ausstellungen in diesem vor Kurzem renovierten Gebäude haben immer einen zeitgenössischen Bezug. Außerdem werden hier Workshops, Filmabende, Konzerte und Debatten organisiert.
Gammel Strand 48 Kopenhagen Centrum, www.glstrand.dk, Telefon 33360260, Öffnungszeiten Di & Do–Fr 11:00–18:00, Mi 11:00–20:00, Sa–So 11:00–17:00, Eintritt 85 Dkr, Metro Kongens Nytorv

㉛ Spiele sind eine beliebte Aktivität am Wochenende, vor allem, wenn das Wetter nicht mitspielen möchte. Im **Bastard Café** kannst du so lange nach Herzenslust spielen, bis du keine Lust mehr hast. Allerdings wird das einige Zeit dauern, denn die Süßkartoffelpommes und Nachos verführen einen zum Bleiben – ebenso wie die Auswahl aus mehr als 2.400 Spielen.
Rådhusstræde 13, www.bastardcafe.dk, Telefon 42746642, Öffnungszeiten Mo–Do & So 12:00–0:00, Fr–Sa 12:00–2:00, Eintritt gratis, 25 Dkr für alle Spiele, Metro Kongens Nytorv

㉝ Der Vergnügungspark **Tivoli** von 1843 ist etwas ganz Besonderes. Er bietet nicht nur Attraktionen für Kinder, sondern ist auch ein Unterhaltungsort mit Cafés, Restaurants und einem Theater. Im Sommer finden freitagabends Open-Air-Konzerte statt, die du kostenlos besuchen kannst, wenn du schon im Park bist. Ab Oktober präsentiert sich der Park ganz im Stil von Halloween, und nach einer kurzen Pause lockt dann die Weihnachtsdeko die Besucher an.
Vesterbrogade 3, www.tivoli.dk, Telefon 33151001, Öffnungszeiten April–Dez. Mo–Do & So 11:00–23:00, Fr–Sa 11:00–0:00, Eintritt Park 135 Dkr, inkl. Fahrgeschäfte 380 Dkr, S-Bahn, Bahn & Bus Københavns Hovedbanegård

㊵ Der **Ørstedsparken** ist eine der grünen Oasen, die Kopenhagen zu einer so sympathischen und lebenswerten Stadt machen. Der Park ist nach dem dänischen Naturkundler Hans Christian Ørsted benannt und war ursprünglich Teil der Verteidigungsanlagen der Altstadt. In den Sommermonaten gibt es hier einen Pavillon mit einer schönen Terrasse.
Eingang Ecke Nørre Voldgade & Linnésgade, täglich geöffnet, Metro Nørreport

ROUTE 2

FREDERIKSSTAD & DIE KLEINE MEERJUNGFRAU

INFOS ZUR ROUTE

Dieser lange Rundgang führt dich durch mehrere Parks und vorbei an stattlichen Gebäuden und beeindruckenden Museen. Am Wasser kannst du die Seele baumeln lassen. Es ist DIE Route, wenn du zum ersten Mal in Kopenhagen bist, und genauso DIE Route für Liebhaber von (klassischer) Kultur, Design und kulinarischen Genüssen. Die meisten Orte erreichst du bequem mit dem Fahrrad. Du kannst sogar entlang des Palastes mit dem Rad fahren, aber pass auf, dass du dort oder am Nyhavn keine Touristen überfährst!

DIE STADTTEILE

Zwischen dem Öresund und dem Stadtzentrum liegt das königliche Kopenhagen. Vor etwa 250 Jahren gehörte dies alles zum königlichen Garten. Als der Königspalast von Christiansborg zum dritten Mal abgebrannt war, errichtete man an dieser Stelle einen völlig neuen Stadtteil, in dem sich der dänische König Frederik niederließ. Er wurde Frederiksstaden (Frederiks-Stadt) genannt und ist heute noch ein herrschaftliches Viertel, in dem sich viele Botschaften befinden.

Der Palast von König Frederik – **Amalienborg Slot** – ist nach wie vor das Residenzschloss. Hier befindet sich zudem das **Rosenborg Slot** mit dem **Kongens Have** (Königsgarten). Darüber hinaus sind in diesem Viertel drei beeindruckende Kirchen zu sehen, darunter die protestantische **Marmorkirken** und die russisch-orthodoxe **Sankt Alexander Nevskij Kirke**. Auf dem Universitätsgelände gibt es interessante Museen und einen schönen **Botanischen Garten**.

Das sternförmige **Kastellet** wurde einst als Teil der Verteidigungsanlagen von Kopenhagen gebaut. Heutzutage ist es ein schöner Ort zum Spazierengehen. In der Nähe sitzt auf einem Felsen am Kai **Den lille Havfrue** (die Kleine Meerjungfrau). Die Statue mag aufgrund ihrer Größe und Lage für manche Besucher et-

BESCHREIBUNG ROUTE 2 (ca. 10,1 km)

Beginne diese Route mit einem Besuch des Museums 1, gefolgt von einem Spaziergang durch den Botanischen Garten 2, den du über die Øster Voldgade erreichst. Verlasse den Garten durch dasselbe Tor, gehe über die Straße und laufe ein Stück zurück, um dir am Schloss Rosenborg die Kronjuwelen anzusehen 3. Auf dem Rasen des Kastellgartens kannst du dich erholen 4. Gehe zum Ausgang an der Ecke der Gothersgade und Kronprinsessegade. In der Gothersgade kannst du einen Avocado-Toast 5 oder eine Tasse Kaffee 6 genießen. Oder du gönnst dir am Kongens Nytorv 7 einen schicken Lunch 8. Folge der Route weiter in Richtung Nyhavn 9 und biege nach rechts in den Hof des Schlosses Charlottenborg, um dir moderne Kunst anzuschauen 10. Setze deine Route entlang des Hafens fort und biege rechts ab. Reserviere dir einen Tisch im mintgrünen Art-déco-Gebäude 11 am Kanal. Zurück am Hafen kannst du bereits das Theater sehen 12. Über die Brücke über Nyhavn geht es zum Theater und dann zurück zu den belebten Terrassen. Hier kannst du die Stadt bei einer Kreuzfahrt von der Wasserseite erkunden 13. Gehe danach zum Mittagessen in einen hyggeligen Garten 14 in der Store Strandstraede oder genieße dort ein Glas Wein 15. Du kannst auch nach rechts gehen und ein echtes, klassisches dänisches Mittagessen probieren 16. Es geht weiter geradeaus und am Wasser links ab. Vor dir kannst du bereits den königlichen Palast 17 sehen. Folge dem Wasser nach Toldbolden 18, wo du dich auf der Terrasse erholen oder dich dort für ein Picknick niederlassen kannst 19. Noch ein letztes Stück am Wasser entlang, dann erreichst du das Wahrzeichen Kopenhagens: die Kleine Meerjungfrau 20. Nimm danach den Weg zur Festung 21 und – gegenüber – zur St. Alban's Church 22 und dem Gefionsbrunnen 23. Gehe mit dem Park zu deiner Rechten und mit einem Kaffee in der Hand 24 in Richtung Bredgade, wo dich klassisches dänisches Design 25 und mehrere Kunstgalerien 26 erwarten. Biege nach rechts in die Fredericiagade und dann links in die Store Kongensgade ein. Wähle einen Tisch im Vespa 27 und mache dich danach in dieser Straße auf die Suche nach etwas Schönem für zu Hause, bestaune die eindrucksvolle Marmorkirken 28 29 30 31 oder wähle zwischen den vielen anderen Optionen für einen Snack oder ein Abendessen 32 33 34. In der Dronningens Tværgade gehst du nach rechts und sofort wieder nach links, um den Tag mit italienischen Köstlichkeiten 35, einem Burger 36 oder einer Pizza und einem Cocktail 37 ausklingen zu lassen.

SEHENSWÜRDIGKEITEN

① Das **Statens Museum for Kunst** ist das nationale Kunstmuseum Dänemarks. Neben Werken dänischer Künstler beherbergt es u. a. auch Werke niederländischer, italienischer und französischer Maler. Das Museum hat einen Bereich, in dem du zusehen kannst, wie Restauratoren arbeiten. Siebenmal im Jahr organisiert das Museum den SMK Friday – eine spannende Mischung aus Musik, Kunst, Filmen, Lesungen, Cocktails und Streetfood.
Sølvgade 48–50, www.smk.dk, Telefon 33748494, Öffnungszeiten Di & Do–So 10:00–18:00, Mi 10:00–20:00, Eintritt 120 Dkr, SMK Friday gratis, Metro Nørreport

② Seit dem Jahr 1600 befand sich der **Botanisk Have** (Botanische Garten) an vier verschiedenen Standorten. Der heutige wurde 1874 eröffnet und verfügt über eine der weltweit größten Sammlungen lebender Pflanzen. Das prachtvolle Palmenhaus stammt aus dem 19. Jahrhundert.
Gothersgade 128, parkmuseerne.dk, Telefon 35322222, Öffnungszeiten täglich April–Sept. 8:30–18:00, Okt.–März 8:30–16:00, Palmenhaus Di–So April–Sept. 10:00–17:00, Okt.–März 10:00–15:30, Eintritt gratis, Metro, Bus & Bahn Nørreport

③ Das **Rosenborg Slot** ist ein Stadtschloss im Kongens Have. Hier kann man die Sammlung der Kronjuwelen und den Rittersaal mit dem Krönungsthron besichtigen. Täglich findet davor der Wachwechsel statt. Um 11:30 Uhr verlassen die Wachen Rosenborg und ziehen zum Schloss Amalienborg, wo um 12:00 Uhr die Zeremonie stattfindet.
Øster Voldgade 4a, www.Dkrs.dk, Telefon 33153286, Öffnungszeiten Di–So 10:00–16:00, Eintritt 120 Dkr (Kombiticket mit Amalienborg 170 Dkr), Metro Nørreport

④ **Kongens Have** ist der im Stil der Renaissance angelegte Garten von Schloss Rosenborg. Als öffentlicher Stadtpark wird er von den Kopenhagenern rege besucht. Dort finden regelmäßig Veranstaltungen, z. B. Festivals und Open-Air-Vorführungen, statt. In den alten Wachhäuschen gibt es Geschäfte und Galerien.
Gothersgade/Sølvgade/Kronprinsessegade, www.parkmuseerne.dk/kongens-have, Öffnungszeiten täglich 7:00–Sonnenuntergang, Eintritt gratis, Bus 350s Kronprinsessegade, Metro Nørreport & Kongens Nytorv

1
Samlingerne
The Collections
Bob
Dylan
The Brazil Series
Boghandel
Books &
Museum Shop

⑦ Auf dem Platz **Kongens Nytorv** (Königlicher Neuer Markt) steht eine Statue König Christians V., die nach jahrelangen Arbeiten für den Bau der U-Bahn endlich wieder zu sehen ist. Der Platz wird jetzt nach und nach wieder hergerichtet. Kongens Nytorv wird von zahlreichen imposanten Gebäuden gesäumt, z. B. Det Kongelige Teater, dem Hotel d'Angleterre und dem Kaufhaus Magasin du Nord. Außerdem findest du dort auch immer einen *Pølsevogn*, an dem man den dänischen Snack *Pølser* bestellen kann: einen Hotdog mit oder ohne Speck und Röstzwiebeln.

Kongens Nytorv, Metro Kongens Nytorv

⑨ Der Kanal am **Nyhavn** (neuer Hafen) wurde um 1672 angelegt, um die Handelsschiffe direkt ins Stadtzentrum zu bringen. Dieser Ort ist wahrlich geschichtsträchtig. Unter anderem wohnte der Schriftsteller Hans Christian Andersen am Nyhavn in den Hausnummern 18, 20 und 67. Es ist ein sehr schöner Ort, um bei einem Drink in der Sonne die Leute zu beobachten. Zudem legen unter anderem hier die Boote für die Rundfahrten ab.

Nyhavn, Metro Kongens Nytorv

⑫ Das Theater **Skuespilhuset**, das 2007 am Ende von Nyhavn über dem Wasser gebaut wurde, ist eines der architektonischen Highlights der Stadt. Sehr markant ist der „Lichtdschungel" am Eingang. Dutzende von „Lianen", die von der Decke herunterhängen, beleuchten den Eingang. Das Skuespilhuset ist Teil des Königlichen Theaters, das neben diesem Gebäude zwei weitere Häuser hat: das alte Theater in Kongens Nytorv und die Oper auf der anderen Seite des Wassers.
Sankt Annæ Plads 36, www.kglteater.dk, Telefon 33696969, offene Führung in englischer Sprache (siehe Webseite), Preis Führung 120 Dkr, Metro Kongens Nytorv, Bus 1a Amalienborg, Bus 66 Sankt Annæ Plads

⑰ **Amalienborg Slot** ist das Schloss der dänischen Königsfamilie. Es besteht aus vier herrschaftlichen Herrenhäusern im Rokokostil. Im links vom Tor mit den Säulen gelegenen Herrenhaus lebt Königin Margrethe II. Ein Flügel des Schlosses ist für die Öffentlichkeit zugänglich. Hier findet jeden Tag um 12:00 Uhr der Wachwechsel statt.
Amalienborg, www.kongernessamling.dk/amalienborg, Telefon 33153286, Öffnungszeiten Di–So 11:00–16:00, Eintritt 95 Dkr (Kombiticket mit Rosenborg 170 Dkr), Metro Kongens Nytorv, Bus 1a Amalienborg, Bus 66 Sankt Annæ Plads

⑳ Seit 1913 blickt **Den lille Havfrue** (die Kleine Meerjungfrau) verträumt übers Wasser. Die Statue basiert auf einer Märchenfigur des Schriftstellers Hans Christian Andersen. Der Braumeister Carl Jacobsen, damaliger Besitzer der Carlsberg-Brauerei, hatte sich nach dem Besuch einer Ballettvorstellung über Märchen in die Figur verliebt. Er ließ den Bildhauer Edvard Eriksen die Skulptur nach der Vorlage einer Balletttänzerin entwerfen. Sie ist zum Symbol Kopenhagens geworden.
Langelinie, www.mermaidsculpture.dk, Bus & Bahn Østerport, Bus 1a Esplanaden

㉑ Wenn du die Brücke des **Kastellet** überquerst, betrittst du eine Festung aus dem 17. Jahrhundert, in deren Innerem kleine rote Häuser stehen. König Christian IV. ließ das Kastellet 1626 als Wohnstätte für die Armee errichten, die Kopenhagen unter anderem vor Angriffen der Schweden schützen sollte. Auch heute wohnen in den Häusern immer noch Menschen, die für die Armee arbeiten, beispielsweise Maler und Schreiner.
Kastellet, www.kastellet.dk, Telefon 72840000, Öffnungszeiten Gelände täglich 6:00–22:00, Okt.–März 6:00–20:00, Eintritt gratis, Bus 1a Esplanaden

(22) Der Bronzebrunnen **Gefionspringvandet** mit vier Ochsen und einer Frau erzählt von den Ursprüngen Sjællands, der Insel, auf der Kopenhagen liegt. Der Legende nach traf Göttin Gefion auf der Suche nach Land König Gylfe von Schweden. Er bot ihr so viel an, wie sie innerhalb von 24 Stunden umpflügen konnte. Die Göttin verwandelte ihre vier Söhne in kräftige Ochsen, die so tief in die Erde pflügten, dass sich ein großes Stück Land löste und ins Meer gezogen wurde. In Schweden blieb ein Loch in der Form Sjællands zurück – der heutige Vänersee.
Churchillparken, Bus 1a Esplanaden

(23) Die **St. Alban's Church**, auch „Englische Kirche" genannt, direkt vor der Festung Kastellet wurde 1887 im britisch-gotischen Stil aus Anlass der Ehe einer dänischen Prinzessin mit dem Prinzen von Wales (später König Edward VII.) erbaut. Jeden Sonntag wird hier um 10:30 Uhr eine Messe in Englisch gefeiert.
Churchillparken 11, www.st-albans.dk, Telefon 39627736, Öffnungszeiten April–Okt. Mo–Sa 10:00–16:00, So 13:00–16:00, Eintritt gratis, Bus 1a Esplanaden

(25) Im **Designmuseum Danmark** erkundest du die Geschichte des industriellen und funktionalen Designs. Das Gebäude aus dem 17. Jahrhundert beherbergt eine große Sammlung angewandter Kunst, von Textilien bis hin zu Kolonialmöbeln. Hier sind auch alle berühmten dänischen Designer des 20. Jahrhunderts vertreten – zum Beispiel Arne Jacobsen, Kaare Klint und Poul Henningsen.
Bredgade 68, www.designmuseum.dk, Telefon 33185656, Öffnungszeiten Di & Do–So 10:00–18:00, Mi 10:00–21:00, Eintritt 115 Dkr, Bus 1a Esplanaden, Metro Kongens Nytorv

(30) Die **Frederiks Kirke** wurde im neobarocken Stil erbaut und trägt wegen der großen Menge des verbauten Marmors den Beinamen **Marmorkirken**. Zunächst wollte man die gesamte Kirche aus Marmor bauen. Aufgrund der hohen Kosten wurde sie jedoch mit Kalkstein vollendet. Die Kuppel (die größte Skandinaviens) wird von zwölf Säulen getragen und ähnelt der des Petersdoms in Rom. Während einer Führung hast du von der Kuppel einen wunderbaren Blick über die Stadt.
Frederiksgade 4, www.marmorkirken.dk, Öffnungszeiten Mo–Do & Sa 10:00–17:00, Fr & So 12:00–17:00, Führung Kuppel 15. Juni–31. Aug. täglich 13:00, ansonsten Sa–So 13:00, Eintritt Kirche gratis, Kuppel 35 Dkr, Bus 1a Fredericiagade, Metro Kongens Nytorv

9

20

ESSEN & TRINKEN

⑤ 2013 haben Jonas und Annette Trampedach neben ihrer Design-Boutique das beliebte **Café Atelier September** eröffnet. Bei ihrer Erfahrung mit Design und Kunst kannst du dir sicher sein, dass sowohl die Einrichtung als auch dein Frühstück oder Mittagessen eine Augenweide sind.

Gothersgade 30, www.cafeatelierseptember.com, Öffnungszeiten Mo–Fr 7:30–17:00, Sa–So 9:00–17:00, Preis Cappuccino 35 Dkr, Metro Kongens Nytorv

⑥ Für einen Koffein-Kick ist **The Coffee Factory** genau der richtige Ort. Hier werden die Bohnen frisch geröstet und du kannst zwischen zahlreichen Kaffeesorten wählen. Dazu gibt es ein großes Angebot an süßen Köstlichkeiten, biologischen Säften und frischen Sandwiches. Es gibt ein paar Sitzplätze auf der Straße, aber auch innen ist das farbenfrohe Retro-Interieur sehr gemütlich.

Gothersgade 21, www.thecoffeefactory.dk, Telefon 33141582, Öffnungszeiten Mo–Fr 7:30–19:00, Sa 8:00–18:30, So 10:00–17:30, Preis Kaffee des Tages 28 Dkr, Metro Kongens Nytorv

⑧ **Geist** ist viel mehr als ein normales Restaurant. Vom geschäftigen Kongens Nytorv gelangt man durch einen Innenhof zum Eingang. Die Gerichte werden schön präsentiert, vor allem aber sind ihre Geschmackskombinationen sehr ungewöhnlich – etwa gesalzener Lachs mit Möhren und Passionsfrucht.
Kongens Nytorv 8, www.restaurantgeist.dk, Telefon 33133713, Öffnungszeiten täglich 11:30–0:00, Preis 185 Dkr, Metro Kongens Nytorv

⑪ Das mintgrüne Art-déco-Gebäude **The Standard** ist ein markanter Blickfang am Nyhavn, direkt am Wasser. Es wurde 1937 vom dänischen Architekten Kristoffer Nyrop Varming entworfen. Heute finden sich hier drei vollkommen unterschiedliche Restaurants. Im Michelin-Restaurant **Studio** kannst du ein Abendessen auf hohem Niveau genießen, im **Almanak** werden moderne dänische Gerichte serviert (auch *Smørrebrød*), und wenn dir der Sinn nach kalifornisch Angehauchtem ist, bist du im **Mission** bestens aufgehoben.
Havnegade 44, thestandardcph.dk, Telefon 72148808, Öffnungszeiten siehe Webseite, Preise von 100–1.000 Dkr, Metro Kongens Nytorv

⑭ Der Name des Restaurants **Zeleste** (auf Griechisch „himmlisch") bezieht sich auf die kulinarischen Köstlichkeiten, die hier serviert werden. Krebse oder frischer Fisch aus der Nordsee sind die hauseigenen Spezialitäten, aber du bekommst auch Fleischgerichte. Ein gut gehütetes Geheimnis ist der überdachte Garten des Restaurants, in dem man am Kamin sitzen kann. Oder im Sonnenschein, denn im Sommer fühlt man sich hier eher wie in Südeuropa.
Store Strandstræde 6, www.zeleste.dk, Telefon 33160606, Öffnungszeiten So–Do 11:00–22:30, Fr–Sa 12:00–22:00, Preis Drei-Gänge-Menü 425 Dkr, Metro Kongens Nytorv

⑮ Die **Nebbiolo Winebar** ist eine gemütliche italienische Weinbar in einer Seitenstraße in der Nähe von Nyhavn. Trotzdem verirren sich kaum Touristen hierher. Ein herrliches Plätzchen, um nach einem langen Tag bei einem guten Wein und einer Käseplatte zur Ruhe zu kommen. Sonntags gibt es ab 18:00 Uhr ein familiäres Abendessen. Dann werden die Tische zusammengeschoben und du bekommst zwei Gerichte, Wasser, Brot und ein Glas Wein für 150 Dkr.
Storestrandstræde 18, www.nebbiolo-winebar.com, Telefon 60101109, Öffnungszeiten Mo–Do 15:00–0:00, Fr–Sa 15:00–2:00, So 15:00–0:00, Preis Glas Wein ab 75 Dkr, Metro Kongens Nytorv

⑯ Ein Besuch Kopenhagens ohne ein klassisches *Smørrebrød* ist nicht vollkommen. Wörtlich heißt es einfach „geschmiertes Brot". Aber es muss *Rygbrød* sein, was am ehesten dem ähnelt, was wir als Roggenbrot kennen. Es wird zum Beispiel mit Garnelen, Herings- oder Hühnersalat belegt. Ein *Smørrebrød* im **Restaurant Sankt Annæ** bürgt für hohe Qualität – es steht sogar im Michelin-Führer, also reserviere sicherheitshalber lieber einen Tisch.
Sankt Annæ Plads 12, www.restaurantsanktannae.dk, Telefon 33125497, Öffnungszeiten Mo–Sa 11:00–16:00, geschlossen in den Kalenderwochen 29–31, Preis *Smørrebrød* ab 90 Dkr, Metro Kongens Nytorv

⑱ Das Konzept von **Toldboden Seaside** ist neu. Sieben Köche erhalten hier die Möglichkeit, sich als unabhängige Köche zu beweisen, nachdem sie jahrelang in der Küche eines anderen Unternehmens gearbeitet haben. Jedes hat seine eigene Küche, in der feine Küche auf Streetfood trifft. An einem warmen Sommernachmittag können Sie auf der Terrasse mit Blick auf das Wasser ein Glas Wein genießen und dabei aus den sieben verschiedenen Gerichten wählen.
Nordre Toldbod 18–24, www.toldboden.com, Telefon 33930760, Öffnungszeiten täglich 11:00–22:00, Preis 150 Dkr, Cocktail 100 Dkr, Bus 1a Esplanaden

㉔ Bei **Kafferiet** bekommst du eine Tasse leckeren (slow-brewed) Kaffee aus frisch gerösteten Kaffeebohnen. In dem kleinen, mitgrünen Haus wohnten früher die Geliebten des Königs. Gerüchte besagen, dass es einen Tunnel von hier zum Palast gab. Wegen des begrenzten Platzes ist es kein Ort, um lange zu bleiben, aber zum Glück kannst du deinen Kaffee auch mitnehmen.
Esplanaden 44, fb kafferiet esplanaden, Telefon 30669050, Öffnungszeiten Mo–Fr 7:30–18:00, Sa–So 9:30–18:00, Preis Americano 30 Dkr, Bus 1a Esplanaden

㉗ Das charmante **Vespa** bietet gute, rustikale italienische Küche an. Die Kombination aus entspannter Atmosphäre, coolem Design und köstlichem Essen macht den Erfolg. Jeden Monat gibt es ein neues Vier-Gänge-Menü mit etwa acht bis zehn Gerichten, unter anderem Suppen, Tintenfisch, Kalbsfilet oder Kabeljau.
Store Kongensgade 90, www.cofoco.dk/da/restauranter/vespa, Telefon 33113700, Öffnungszeiten Mo–Sa 17:30–0:00, Preis Viergängemenü 275 Dkr, Bus 1a Fredericiagade, Metro Kongens Nytorv

6

Stuykman
Hvede
Ginger

18
LÆKKERTØRSTIG ?
LEMASH
FRISKER OG LÆSKER...

32

18

37
Share a glass of wine

8
GEIST
GEIST

(32) Die kleine Bäckerei **Taste** von Bernard Berthier hält eine große Auswahl an köstlichen Kuchen und Sandwiches bereit. Mit etwas Glück ergatterst du einen der Stühle drinnen oder draußen, wenn nicht, packen sie dir die Leckereien gerne auch für unterwegs ein.

Store Kongensgade 80–82, www.tastedeli.eu, Telefon 33937797, Öffnungszeiten Mo–Di 9:00–18:00, Mi–Do 9:00–19:00, Fr-Sa 9:00–20:00, So 10:00–18:00, Preis Kaffee 30 Dkr, Take-away-Sandwich 55 Dkr, Bus 1a Fredericiagade, Metro Kongens Nytorv

(33) **Madklubben Bistro-de-Luxe** ist einfach, aber angesagt – und ein gemütliches Restaurant, in dem du gutes Essen zum vernünftigen Preis bekommst. Die Karte ist angenehm übersichtlich, es gibt vier oder fünf neue Hauptgerichte sowohl für Fleisch- als auch für Fischliebhaber. Stell dir dein eigenes Zwei- oder Drei-Gänge-Menü zu einem Festpreis zusammen. Am Wochenende ist es immer recht voll.

Store Kongensgade 66, www.madklubben.dk, Telefon 33323234, Öffnungszeiten Maza 17:30–0:00 (Küche bis 22:00), Preis Zwei-Gänge-Menü 200 Dkr, Bus 1a Fredericiagade, Metro Kongens Nytorv

(34) Der Ort für einen köstlichen, authentischen vietnamesischen Snack oder eine Mahlzeit ist der **District Tonkin**. Probiere zum Beispiel ein *Banh Mi*, ein vietnamesisches knuspriges Sandwich. Das Interieur ist ganz im Stil einer Streetfood-Kitchen, um das authentische Geschmackserlebnis noch zu verstärken.

Store Kongensgade 71, www.district-tonkin.com, Telefon 60888698, Öffnungszeiten So–Mi 11:00–21:30, Do–Sa 11:00–22:00, Preis Sandwich 68 Dkr, Metro Kongens Nytorv

(35) Das italienische **Restaurant Pluto** gehört seit vielen Jahren zu den Favoriten der Stadt. Die Inhaber führen es im Stil einer familiären Küche. Du wählst aus der Speisekarte verschiedene Gerichte, die du mit deinen Tischgenossen teilst.

Borgergade 16, www.restaurantpluto.dk, Telefon 33160016, Öffnungszeiten Mo–Do 17:00–0:00, Fr–Sa 17:00–2:00, So 17:30–23:00, Preis 10 Gerichte für 450 Dkr, Metro Kongens Nytorv

(36) Viele sind der Meinung, dass es die besten Burger der Stadt im **Gasoline Grill** gibt. Die erste Filiale eröffnete in einer alten Tankstelle, daher der Name. Inzwischen gibt es vier Standorte, alle klein und perfekt für einen schnellen Happen – was die saftigen Burger nicht weniger köstlich macht.

Landgreven 10, www.gasolinegrill.com, Öffnungszeiten täglich von 11:00 bis die Burger ausverkauft sind, Preis Burger 80 Dkr, Metro Kongens Nytorv & Nørreport

㊲ Seit seiner Eröffnung im Jahr 2016 ist **Cantina** ein großer Erfolg; der offene, gemütliche Raum ist immer bis auf den letzten Platz gefüllt. Es lohnt sich also, einen Tisch zu reservieren. Die Speisekarte enthält allerlei klassische italienische Gerichte, von *Burrata* über *Risotto* bis Sauerteigpizza. Du kannst aber auch „nur" für einen Cocktail oder ein gutes Glas Wein vorbeischauen.
Borgergade 2, www.cantinacph.dk, Telefon 88169995, Öffnungszeiten Mo–Do 11:00–0:00, Fr–Sa 11:00–1:00, So 11:00–23:00, Preis ab 125 Dkr, Metro Kongens Nytorv

SHOPPEN

⑲ **Løgismose Vin, Mad og Delikatesser** kann man wahrscheinlich am besten mit den Worten „Gourmet-Supermarkt" beschreiben. 1965 gründeten Sven und Lene Grønlykke die Marke Løgismose und benannten sie nach dem Anwesen, das sie im Süden von Fünen gekauft hatten – ohne Erfahrung in der Landwirtschaft, aber mit enormer Leidenschaft für frische Produkte von bester Qualität. Hier findest du alles für ein luxuriöses Picknick am Wasser.
Nordre toldbod 16, loegismose.dk, Telefon 33329332, Öffnungszeiten Di–Mi 11:00–18:00, Do–Fr 10:00–19:00, Sa 10:00–17:00, Bus 1a Esplanaden

㉖ In der **Bredgade** – DIE Straße für Sammler und Design-/Kunstliebhaber – und einigen Seitenstraßen gibt es unzählige Galerien, Antiquitätenläden und Geschäfte mit dänischem Design. **Danish Classic** ist ein Geschäft für Inneneinrichtung mit dänischen Klassikern und vielen internationalen Vintage-Postern.
Bredgade und Seitenstraßen, Metro Kongens Nytorv

㉘ **Nyt i Bo** ist Dänisch und bedeutet „Neues fürs Wohnen". Der Laden hat jahrzehntelange Erfahrung mit skandinavischem Design. Hier findest du alles, von Klassikern von Hans J. Wegner bis hin zu Arbeiten aufstrebender Designer. Nyt i Bo produziert übrigens auch eine eigene Möbelkollektion.
Store Kongensgade 88, www.nytibo.dk, Telefon 33143314, Öffnungszeiten Mo–Fr 11:00–17:30, Sa 10:00–15:00, Bus 1a Fredericiagade, Metro Kongens Nytorv

37

33

29
nyt
ibo

28
Shop with
the locals
fil de fer

13
HC ANDERSEN
KØBENHAVN

(29) Eine große Sammlung schöner Antiquitäten findest du bei **Fil de Fer**. Während im Hintergrund französische Chansons laufen, kannst du dich entspannt im Laden nach all den tollen Dingen umschauen. Es gibt zwei Räume: In einem findest du Gläser und Geschirr, im anderen die größeren Möbel. Die großen Druckbuchstaben stammen aus Museen und Cafés.
Store Kongensgade 83a, www.fildefercph.com, Telefon 33323246, Öffnungszeiten Mo–Fr 10:00–18:00, Sa 10:00–16:00, Metro Kongens Nytorv

(31) **AreaStore** ist ein Geschäft mit allerlei Krimskrams, speziellen Gadgets und Design. Die Eigentümer haben eine Leidenschaft für Design, verschiedene Materialien und Japan. Sie kaufen alles, was ihnen selbst gefällt. Das ist nämlich das Motto von AreaStore: Kaufe, was dir gefällt, nicht das, was dir von der Gesellschaft diktiert wird.
Store Kongensgade 73, www.areastore.dk, Telefon 33323877, Öffnungszeiten Mo–Do 11:00–18:00, Fr 11:00–19:00, Sa 10:00–18:00, Bus 1a Fredericiagade, Metro Kongens Nytorv

FREIZEITTIPPS

(10) Die **Kunsthal Charlottenborg** ist eine der größten Ausstellungshallen Nordeuropas. Neben Ausstellungen dänischer sowie internationaler Talente gibt es Konzerte und Filmvorführungen. In der angesagten **Apollo Bar**, Teil der Kunsthalle, kannst du ein köstliches Essen oder ein Glas Wein genießen.
Nyhavn 2, kunsthalcharlottenborg.dk, Telefon 33744632, Öffnungszeiten Di–Fr 12:00–20:00, Sa–So 11:00–17:00, Eintritt 90 Dkr, Mi ab 17:00 gratisMetro Kongens Nytorv

(13) Es lohnt sich immer, sich Kopenhagen auf einer **Rundfahrt** vom Wasser aus anzuschauen. Während der einstündigen Fahrt erfährst du alles über die vielen Sehenswürdigkeiten, darunter die Kleine Meerjungfrau, Nyhavn, Christianshavn und moderne Gebäude wie das Opernhaus. Mit der Reederei Stromma kannst du das Ticket für verschiedene Routen 48 Stunden lang nutzen.
Zusteigeorte Nyhavn und Gammel Strand, www.stromma.dk & www.havnerundfart.dk, Öffnungszeiten siehe Webseiten & Kioske an den Zusteigeorten, Preis Rundfahrt Netto-Boote 50 Dkr, Stromma 85 Dkr, Metro Kongens Nytorv

ROUTE 3

SLOTSHOLMEN & CHRISTIANSHAVN

INFOS ZUR ROUTE

Auf dieser Route lernst du zwei völlig unterschiedliche Seiten Kopenhagens kennen: auf der einen die behördlichen Gebäude von Slotsholmen, auf der anderen das einzigartige Christianshavn mit Holmen, Refshaleøen und Islands Brygge. Wenn du dich insbesondere für Museen interessierst und alte und neue Architektur liebst, dann wird dir Slotsholmen gefallen. Refshaleøen ist vor allem im Sommer ein Muss und Christiania schlicht einzigartig, ob man es nun mag oder nicht. Die Route lässt sich hervorragend mit dem Fahrrad erkunden.

DIE STADTTEILE

Slotsholmen ist das politische Zentrum Dänemarks. Das ursprüngliche **Christiansborg Slot** (Schloss Christiansborg) wurde im 12. Jahrhundert erbaut, als die Stadt noch ein Fischerdorf war. Der Handel florierte, und so wurde Kopenhagen (buchstäblich „Handelshafen") 1443 zur Hauptstadt. Neben den Regierungsgebäuden gibt es hier viele Museen wie das **Thorvaldsens Museum** und **Nationalmuseet** und direkt am Wasser ein architektonisches Highlight: **Den Sorte Diamant** (der Schwarze Diamant), die Erweiterung der königlichen Bibliothek.

Am anderen Ufer liegt Christianshavn. Bunte Fassaden, kleine Häfen und enge Gassen verleihen diesem Viertel seinen unverwechselbaren Charme. Hier wohnen Jung und Alt, Arm und Reich. 1971 wurden einige der leeren Baracken von Hausbesetzern eingenommen. Die Regierung sah es als „soziales Experiment" an und ließ sie machen – und so gründeten sie ihren eigenen „Freistaat": **Christiania**, von Kopenhagenern wie von Touristen gerne besucht. Auf **Islands Brygge** kannst du auf einem der Kais entspannen, in den renovierten Fabrikgebäuden Kaffee trinken oder dich im Sommer mit einem Sprung ins Meer erfrischen.

Die ehemals vom Militär genutzte Insel **Holmen** hat ebenfalls ein neues Gesicht bekommen. Die dänische Armee hat ein anderes Gelände bezogen und

BESCHREIBUNG ROUTE 3 (ca. 14,7 km)

Beginne den Tag mit einem Brunch 1 oder Kaffee in der Bäckerei im Hof 2, bevor du zur Erfrischung in den Kanal 3 springst. Oder miete dir ein GoBoat 4 und erkunde die Stadt vom Wasser aus. An Land geht es unter der Brücke hindurch und anschließend über sie auf die andere Kanalseite. Von der Brücke siehst du bereits das Dänische Zentrum für Architektur 5 und die Königliche Bibliothek 6. Entlang des Ufers läufst du auf sie zu. Von hier aus ist auch die Radfahrer- und Fußgängerbrücke Cirkelbroen zu sehen. Überquere an der Bibliothek die Straße und besuche das Jüdische Museum 7 und den Bibliotheksgarten 8. Verlasse diesen an der linken Seite, vorbei am Waffenmuseum 9. Gehe über den Kanal und rechts in Richtung des Nationalmuseums 10 und anschließend zum Kanal zurück. Biege erst nach links, dann nach rechts ab, um auf den Antikmarkt 11 zu kommen. Schau dir die Skulpturen 12 an und besichtige den Turm von Schloss Christiansborg 13. Rechts kommst du an der Börse 14 vorbei, während du zum Wasser hinunterläufst, um eine Kajaktour 15 zu machen. Geh die Brücke hinauf, besuche ein besonderes Mini-Kulturzentrum 16. Danach gehst du die Brücke hinunter, dann sofort rechts in den Cirkelbroen 17 oder geradeaus weiter, dann biegst du bei der Wildersgade links ab, um an der Ecke 18 einen Imbiss zu nehmen. Überquere die Brücke auf der rechten Seite und entdecke, was die dänische Frau aktuell trägt 19. Lust auf eine Acai-Bowl? Gehe nach links und biege an der zweiten Straße nach rechts 20. Originelles Souvenir oder Poster gefällig 21 22? Danach erklimmst du den zauberhaften Kirchturm 23. Gehe bis zur nächsten Kreuzung und betrete den berühmten Freistaat Christiania 24. Gönn dir ein Bier auf dem belebten Platz 25. Danach biege rechts ab, überquere den Kanal und biege nochmals rechts in den Galionsvej. Folge der Straße entlang der alten Kanonenschuppen bis zum Ende und weiter über die Brücke. Biege zweimal rechts ab, um zum weltberühmten Noma 26 zu gelangen. Wieder zurück, lohnt sich ein Spaziergang entlang der Hausboote. Schaue dir dänisches Design 27 an oder folge der Straße in Richtung Norden, wo eine Bäckerei 28 und moderne Kunst 29, ein Cocktail 30 oder ein Spa-Boot 31 auf dich warten. Im weiteren Verlauf der Straße findest du nachhaltiges Streetfood 32 und Craftbiere 33. Vorbei an einem einzigartigen Studentenwohnheim 34 läufst du entlang der Hausboote und über die Brücke wieder zurück. Biege nach rechts in den Fabriksmestervej ein und gehe auf das beeindruckende Theater 35 zu. Folge dem Weg zur neuen Brücke und lass den Abend in einer gemütlichen Runde 36 37 dort oder weiter auf dem Weg 38 ausklingen.

SEHENSWÜRDIGKEITEN

⑤ Im modernen **Dansk Arkitektur Center** (DAC) dreht sich alles um Architektur, Städtebau und Baukunst. Dänische Architekten haben momentan viel zu tun, überall in Europa. Im DAC gibt es ständige und wechselnde Ausstellungen, insbesondere über Stadtentwicklung, neue Architektur und Innovation. Im Designshop findest du eine große Auswahl an Büchern und (dänischem) Design. Vom Café auf dem Dach hast du eine traumhafte Aussicht über den Kanal.
Bryghuspladsen 10, www.dac.dk, Telefon 32571930, Öffnungszeiten Fr–Mi 10:00–18:00, Do 10:00–21:00, Eintritt 95 Dkr, bis 17 Jahre gratis, Bus 1a, 2a, 9a Stormgade

⑥ Die alte, 1906 erbaute königliche Bibliothek ist durch eine Luftbrücke mit **Den Sorte Diamant** (dem Schwarzen Diamant) verbunden. Dieser neue Teil der Bibliothek ist einer der Höhepunkte der aktuellen dänischen Architektur. Das Gebäude verdankt seinen Namen dem schwarzen Granit, aus dem es errichtet wurde. Bei der Innenraumgestaltung ließen sich die Architekten Schmidt, Hammer und Lassen vom Nordlicht inspirieren. In der Bibliothek gibt es eine Kaffeebar, eine Buchhandlung und einen Ausstellungsraum mit wertvollen Büchern.
Søren Kierkegaards Plads 1, www.kb.dk, Telefon 33474747, Öffnungszeiten Mo–Fr 8:00–21:00 (Juli–Aug. bis 19:00), Sa 9:00–19:00, Eintritt gratis, Bus 66 Det Kongelige Bibliotek

⑦ Im **Dansk Jødisk Museum** erfährst du alles über jüdische Kultur. Der Schwerpunkt liegt auf der jüdischen Identität und den jüdischen Traditionen. Es ist innen sehr speziell, mit geometrischen Ebenen und schrägen Wänden. Der Entwurf stammt vom Architekten Daniel Libeskind, der auch am Bau des neuen WTC in New York beteiligt war und das Jüdische Museum in Berlin entworfen hat.
Proviantpassagen 6, Eingang über den Garten der Königlichen Bibliothek, jewmus.dk, Telefon 33112218, Öffnungszeiten Juni–Aug. Di–So 10:00–17:00, Sept.–Mai Do 12:30–18:30, Fr–So 12:00–17:00, Eintritt 60 Dkr, Bus 1a, 2a Det Kongelige Bibliotek

⑨ Als Christian IV. 1588 König wurde, führte er die Renaissance in Dänemark ein. Eine seiner ersten Amtshandlungen war es, ein beeindruckendes Artilleriegebäude als Teil des Hofes errichten zu lassen. Es ist der längste gewölbte Renaissancebau Europas. Seit 1928 wird das Gebäude als Militärmuseum genutzt; du kannst hier

Much to do, more to see

5
dansk arkitektur
DEN DANSKE ARKITEKTUR
YES is MORE

24
CA POST

13

eine umfangreiche Sammlung historischer Waffen besichtigen. Neben der Dauerausstellung beherbergt das **Krigsmuseet** auch wechselnde Ausstellungen.

Tøjhusgade 3, www.natmus.dk/museer-og-slotte/krigsmuseet, Telefon 41206372, Öffnungszeiten Sept. Di–So 10:00–17:00, Juli–Aug. tägl. 10:00–17:00, Eintritt 80 Dkr, Bus 2a, 9a, 40 Børsen

⑩ Im **Nationalmuseet** erfahren die Besucher alles über die dänische Geschichte und Kultur. Auf der Grundlage von archäologischen Funden und Alltagsgegenständen machst du eine Reise durch die dänische Vergangenheit.

Ny Vestergade 10, www.nationalmuseet.dk, Telefon 33134411, Öffnungszeiten Di–So 10:00–17:00, Eintritt 100 Dkr, bis 18 Jahre gratis, Bus 1a, 2a, 9a Stormbroen/ Nationalmuseet

⑫ Das **Thorvaldsens Museum** wurde 1948 eröffnet und war damals das erste öffentliche Museum in Dänemark. Es wurde errichtet, um die Werke des dänischen Künstlers Bertel Thorvaldsen (1770–1844) auszustellen und beherbergt die vollständigste Sammlung seiner Werke. Er ließ sich bei seiner Arbeit vor allem von der griechischen Mythologie inspirieren – du wirst sehen, wie sich dies in dieser Ausstellung widerspiegelt.

Bertel Thorvaldsens Plads 2, www.thorvaldsensmuseum.dk, Telefon 33321532, Öffnungszeiten Di–So 10:00–17:00, Eintritt 90 Dkr, bis 18 Jahre und Mi gratisBus 1a, 2a Christiansborg

⑬ Das neobarocke **Christiansborg Slot** von Christian VI. ist heute Sitz des dänischen Parlaments. Zudem befinden sich hier die königlichen Empfangsräume, die für offizielle Zeremonien genutzt werden. Die zu besichtigenden Räume erreichst du über den Eingang im Turm. Unter dem Schloss sind immer noch Ruinen früherer Burgen zu sehen. Fans des Königshauses können die königlichen Stallungen, das Kutschenmuseum und ein kleines Hoftheater im Seitenflügel des Palastes besuchen. In der Slotskirke (Schlosskirche) von 1926 werden die verstorbenen Mitglieder der Königsfamilie beigesetzt. Für einen schönen Blick über die ganze Stadt kannst du (kostenlos) die Stufen des Schlossturms erklimmen.

Prins Jørgens Gård, www.kongeligeslotte.dk, Telefon 33926492, Öffnungszeiten April–Okt. täglich 9:00–17:00, Nov.–März Di–So 9:00–17:00, Eintritt Turmund Schlosskirche gratis, Empfangsräume 95 Dkr, Kombiticket mit anderen Räumen 160 Dkr, Bus 1a, 2a Christiansborg

⑭ Im **Børsen**, dem roten Backsteingebäude mit Kupferdach, befindet sich die alte Börse von Dänemark. König Christian IV. ließ sie 1618 errichten. Der niederländische Renaissancestil ist u. a. an den Treppengiebeln zu erkennen. Auf dem Dach ist ein Turm aus vier ineinander verschlungenen Drachenschwänzen.
Børsen, www.borsbygningen.dk, Telefon 33746000, nicht für Besucher geöffnet, Bus 1a, 2a Christiansborg

⑰ Die **Cirkelbroen** wurde von Olafur Eliasson entworfen. Die „Kreisbrücke" verbindet seit 2015 Christiansbro mit dem Applebys Plads und ist nur für Fußgänger und Radfahrer bestimmt. Du siehst die Brücke auch von einem Kanalboot aus oder von Den Sorte Diamant, der königlichen Bibliothek, aus.
johan semps gade, metro christianshavn

㉓ Die auffällige **Vor Frelsers Kirke** (Erlöserkirche) hat einen spitzen Turm, an dessen Außenseite eine Treppe verläuft, und eine goldene Kugel an der Spitze. Insgesamt musst du hier 400 Stufen nach oben steigen, aber die Aussicht ist überwältigend – bis nach Malmö, weit nach Norden entlang der Küste und über die Stadtgrenzen hinaus. In der Kirche finden viele Konzerte statt.
Sankt Annæ Gade 29, www.vorfrelserskirke.dk, Telefon 32546883, Öffnungszeiten Kirche täglich 11:00–15:30, Turm März–April & Okt.–Mitte Dez. Mo–Sa 10:00–16:00, So 10:30–16:00, Mai–Sept. Mo–Sa 9:30–19:00, So 10:30–19:00, Preis Turm Nebensaison 35 Dkr, Mai–Sept. 50 Dkr, Metro Christianshavn, Bus 9a Sankt Annæ Gad

㉔ 1971 wurde **Christiania** von einer kleinen Gruppe von Hausbesetzern gegründet, inzwischen ist es zu einer Gemeinschaft mit mehr als 900 Einwohnern herangewachsen. Unter ihnen sind viele Kreative, die hier ihre Arbeiten verkaufen. Der Designer des berühmten Christiania-bike, des Lastenfahrrads, das mittlerweile nicht mehr von den Straßen Kopenhagens wegzudenken ist, wohnt inzwischen nicht mehr hier, aber die Werkstatt befindet sich nach wie vor in Christiania und die Fahrräder werden immer noch hier hergestellt. Im Freistaat gibt es mehrere Cafés und es finden regelmäßig Konzerte statt. Bitte beachte: Das Fotografieren ist in der Pusherstreet, wo mit (geduldeten) Drogen gehandelt wird, verboten.
Haupteingang Prinsessegade, www.rundvisergruppen.dk, Öffnungszeiten Führung Sa–So 15:00 am Eingang Prinsessegade, Eintritt gratis, Führung 60 Dkr, Metro Christianshavn, Bus 66 Christiania

(34) Auf dem Wasser in der Nähe von Refshaleøen liegt **Urban Rigger**, ein schwimmendes, CO_2-neutrales Studentenwohnheim mit einer Fläche von 300 Quadratmetern. Dabei handelt es sich um ein einzigartiges, patentiertes Designprojekt aus Containern mit begrünten Innenhöfen, Bootsanlegestelle, Anlegesteg, Grillplatz und Dachterrasse: ein wahres Paradies für Studierende!
Refshaleøen, www.urbanrigger.com, Bus 9a Refshaleøen

(35) Das neue Opernhaus **Operaen** ist eines der modernsten und seit dem Tag der Eröffnung teuersten Opernhäuser der Welt. Das Gebäude wurde dem dänischen Staat im Jahr 2000 u. a. durch den Fonds von A. P. Møller, Mitbegründer des dänischen multinationalen Unternehmens Mærsk, geschenkt. Die Oper wurde im Januar 2005 eröffnet. Das Design ähnelt der Brücke eines Schiffes, eine Anspielung auf die Reederei Mærsk. Im Inneren sind die Decke und die Wände mit Blattgold und die Balkone mit Ahornholz verziert.
Ekvipagemestervej 10, kglteater.dk, Telefon 33696969, Öffnungszeiten Lobby täglich 10:00–21:00, Preis Eintrittskarten ja nach Vorstellung, Führung 120 Dkr, Bus 9a Operaen (Galionsvej), Wassertaxi 991, 992 ab Nyhavn

18
Sankt Annæ 8

18
LEASE ORDER AT THE COUNTER

36

ESSEN & TRINKEN

① Der Brunch bei **Wulff & Konstali** ist jedem in Kopenhagen ein Begriff. Du wählst hier einfach fünf oder sieben Gerichte von einer Karte, von Rührei bis hin zu typisch dänischem Brei wie *Øllebrød* und *Grød*. Der perfekte Ort, um in den Tag zu starten. Wenn du nicht in der Nähe bist, schau einfach auf der Webseite, wo sich die drei anderen Filialen in der Stadt befinden.
Isafjordsgade 10, www.wogk.dk, Telefon 32548181, Öffnungszeiten Mo–Fr 7:00–19:00, Sa–So 7:00–18:00, Preis fünf Gerichte 135 Dkr, Metro Islands Brygge

② Bei **Il Buco** lieben sie frische, saisonale, italienische Produkte und eine nachhaltige Produktion. Darüber hinaus sind sie auch unglaublich gute Bäcker. So gut, dass zahlreiche Spitzenrestaurants der Stadt ihr Brot und ihre Teilchen bei Il Buco backen lassen. Hier kannst du ebenso gut in den Tag starten wie ihn mit einem köstlichen Essen und einem Glas Wein ausklingen zu lassen.
Njalsgade 19c, www.ilbuco.dk, Telefon 26746544, Öffnungszeiten täglich 7:30–15:00 & 17:30–21:30 (Sa–So bis 22:30), Preis Sandwich 95 Dkr, Metro Islands Brygge

⑱ Die kleine Bar **Sankt Annæ 8** ist gut besucht und gemütlich. Hier siehst du, wie sich dänische *Hygge* leben lässt. Die Speisekarte, die immer auf einer anderen europäischen Küche basiert, wechselt wöchentlich. Für den Feinschmecker ist dies der Ort für besondere Weine, Käse und andere Delikatessen.
Wildersgade 52, www.sanktannae8.com, Telefon 25974600, Öffnungszeiten Mo–Mi 11:30–22:00, Do–Sa 11:30–0:00, Preis Tagesgericht 135 Dkr, Metro Christianshavn

⑳ Immer mehr Restaurants achten auf den Schutz unserer Umwelt – zum Beispiel mit biologischen Produkten oder damit, weitestgehend auf Fleischprodukte zu verzichten. So auch **Organic Boho**, das versucht, mit seiner veganen Speisekarte einen kleinen Beitrag zu leisten. Die farbenfrohen Salate, Burger und Shakes schmecken mit einem guten Gewissen fast noch besser.
Prinsessegade 23, theorganicboho.com, Telefon 31135002, Öffnungszeiten täglich 10:00–20:00, Preis Salat 109 Dkr, Metro Christianshavn

㉕ Im **Café Nemoland**, auf dem Gelände des Freistaates Christiania, triffst du immer auf einen bunten Mix ganz unterschiedlicher Menschen. Besonders im

Sommer ist die Terrasse ein beliebter Treffpunkt. Hier bekommst du leckeres und erschwingliches Essen und im Sommer gibt es an den Wochenenden kostenlose Aufführungen bekannter und weniger bekannter dänischer Künstler.
Fabriksområde 52, www.nemoland.dk, Telefon 27336666, Öffnungszeiten So–Do 11:00–0:00, Fr–Sa 11:00–3:00, Preis Nemoburger 135 Dkr, Metro Christianshavn, Bus 66 Bodenhoffs Plads

㉖ **Noma** wurde bereits viermal zum besten Restaurant der Welt gekürt. Nach 13 Jahren intensiver Aktivitäten und Projekte im Ausland wurden nun die Türen an einem neuen Standort geöffnet. Das Konzept arbeitet mit drei Jahreszeiten, um so das Beste aus den Produkten herauszuholen. Die Zeit von Januar bis Juni ist die Saison der Fische und Schalentiere, von Juli bis September steht das Pflanzenreich im Mittelpunkt und von Oktober bis Dezember dreht sich alles um Wild. Reserviere frühzeitig!
Refshalevej 96, www.noma.dk, Telefon 32963297, Öffnungszeiten Di–Fr 17:00–0:00, Sa 11:30–19:00, Preis Menü 2.800 Dkr, Bus 9a Lynetten

㉘ *Lille* ist Dänisch und heißt „klein". Der Name kommt von „klein anfangen". Mit all ihren Einsparnissen und großer Unterstützung durch eine Fundraising-Kampagne begannen die Besitzer der **Lille Bakery** 2018, ihren Traum zu verwirklichen und beste Qualitätsprodukte aus lokalen, biologischen Zutaten zu produzieren. In der stimmungsvollen offenen Halle der Bäckerei, mitten auf Refshaleøen, kannst du ein köstliches Frühstück oder Mittagessen genießen, von dick belegten Sauerteigbroten bis hin zum Brioche mit Mascarpone und Mirabellen.
Refshalevej 213 a, lillebakery.com, Öffnungszeiten Mi–So 8:00–17:00, Preis Frühstück ab 50 Dkr, Wassertaxi 992 ab Nyhavn, Bus 9a Refshaleøen

㉛ **Reffen** ist ein großartiges und nachhaltiges Konzept mit Streetfood, Livemusik, Kunst und Kultur. Auf 6.000 Quadratmetern lernst du etwa 50 Start-ups kennen, die unter dem Motto „reduce & reuse" alles Mögliche, vor allem aber Streetfood anbieten. Hier kannst du in einem Strandkorb am Wasser entspannen oder an der Bühne die Atmosphäre und das köstliche Essen genießen.
Refshalevej 167a, www.reffen.dk, Telefon 33930760, Öffnungszeiten Ende März bis Mitte Dez. Foodtrucks täglich 12:00–20:00, Bars So–Do 11:00–21:00, Fr–Sa 11:00–23:00, Preise ab 75 Dkr, Bus 9a Refshaleøen

(33) Auch für Craftbier-Fans ist Kopenhagen ein kleines Paradies. Eines der besonderen Ziele für Bierliebhaber ist **Mikkeller Baghaven**. Das Bier dieser Mikrobrauerei ist inzwischen in der ganzen Stadt – und weit darüber hinaus – erhältlich. Natürlich macht es aber viel mehr Spaß, ein Bier da zu genießen, wo es auch gebraut wird.

Refshalevej 169b, mikkellerbaghaven.dk, fb mikkeller baghaven, Öffnungszeiten Di–Mi 13:00–17:00, Do–Fr 15:00–22:00, Sa–So 12:00–22:00, Preise ab 55 Dkr, Bus 9a Refshaleøen

(36) Einer der lebhaftesten Orte in Kopenhagen an einem heißen Sommertag ist **Broens Gadekøkken**, auch bekannt als „The Bridge Streetkitchen". Hier ist es nicht nur supergemütlich, du bekommst auch das köstlichste Straßenessen am Wasser. Barbecue, Salate, dänischer Porridge oder Pizza – es gibt nichts, was es hier nicht gibt. Und im Winter kannst du hier auf der Eisbahn Schlittschuh laufen.

Strandgade 95, www.thebridgestreetkitchen.com, Telefon 33930960, Öffnungszeiten täglich 11:00–20:00, im Winter kürzere Öffnungszeiten, Preise ab 75 Dkr, Metro Kongens Nytorv

19

㊲ In dem Gebäude, in dem früher das weltberühmte Restaurant Noma zu Hause war, befindet sich heute **Barr**. Dieses Restaurant wurde von Noma-Chefkoch René Redzepi und Thorsten Schmidt von Malling og Schmidt eröffnet. *Barr* bedeutet „Gerste" auf Altnordisch und „Getreide" auf Altirisch. Der Name ist hier Programm: Alles dreht sich um die Bierkultur Nord- und Mitteleuropas.
Strandgade 93, restaurantbarr.com, Telefon 32963293, Öffnungszeiten Do 17:00–0:00, Fr–So 12:00–0:00, Preis Drei-Gänge-Menü 425 Dkr, Metro Christianshavn, Bus 9a Bodenhoffs Plads

㊳ Traditionelle Küche mit moderner Note, das erwartet dich im Spitzenrestaurant **Kanalen**. Es liegt direkt neben dem Kanal, der vom Christianshavns Kanal zum Hafen führt. Weine sind eine der Spezialitäten des Kanalen, du findest hier eine umfangreiche Weinkarte.
Wilders Plads 2, www.restaurant-kanalen.dk, Telefon 32951330, Öffnungszeiten Mo–Sa 11:30–16:00 & 17:30–0:00, Preis Hauptgericht 285 Dkr, Metro Christianshavn

SHOPPEN

⑲ Ganni ist das derzeit angesagteste Modelabel für Frauen. 2009 machte es im Herzen Kopenhagens seine ersten Schritte, heute ist die Marke weltbekannt. Neben mehreren Brand-Stores gibt es nun auch die **Ganni-Postmodern**-Boutique. Hier erhältst du deine Lieblingsstücke aus früheren Kollektionen. Darüber hinaus findest du hier einzigartige Muster und exklusive Gegenstände.
Overgaden Oven Vandet 40, www.ganni.com, Telefon 28355556, Öffnungszeiten Mo–Fr 10:00–18:00, Sa 10:00–16:00, Metro Christianshavn, Bus 2a, 9a Christianshavn

㉑ Im kleinen Atelier von **Per Bo** gibt es handgemachte Keramik. Nach alten Traditionen fertigt Per hier Alltagsprodukte mit robusten Formen und abstrakten Dekorationen. Und das Beste: Alle Produkte sind spülmaschinen- und ofenfest.
Sankt Annæ Gade 33, www.perbokeramik.dk, Telefon 23419211, Öffnungszeiten Fr 11:00–17:30, Sa 11:00–15:00, Bus 9 Sankt Annæ Gade, Metro Christianshavn

㉒ Wenn du schöne Souvenirs suchst, bist du bei **Illustrado** an der richtigen Adresse. In diesem an die Galerie angeschlossenen Studio bekommst du Illustrationen von Dominique Jal. Er präsentiert hier eigene Arbeiten, darunter eine ganze Sammlung von Illustrationen mit Türmen und Fahrrädern in Kopenhagen. Sie passen perfekt zum heutigen Trend, Wände vorzugsweise mit gerahmten Plakaten, Illustrationen, Gemälden und Fotografien vollzuhängen.

Prinsessegade 50, fb illustrado, Telefon 26734753, Öffnungzeiten Di–Sa 12:00–17:30, Bus 9a Sankt Annæ Gade, Metro Christianshavn

㉗ Der Ausstellungsraum von **Design Werck** befindet sich in einer schönen Lage mit Hausbooten als Nachbarn. Hier findest du Werke junger und bekannter dänischer und skandinavischer Designer. Ein Großteil steht im Laden zum Verkauf, es macht aber auch Spaß, sich hier einfach inspirieren zu lassen.

Krudtløbsvej 12, www.designwerck.dk, Telefon 33130404, Öffnungszeiten Do–Fr 12:00–17:00, Sa–So 13:00–16:00, Wassertaxi 991, 992 Holmen Noord

FREIZEITTIPPS

③ An vielen Orten in Kopenhagen kannst du einfach die Füße im Wasser baumeln lassen und es gibt mehrere Schwimmbäder, zum Beispiel im Kanal bei Islands Brygge. Im **Havnebadet Islands Brygge** kannst du ein erfrischendes Bad nehmen und dich dann zu einem Picknick oder Barbecue auf den Rasen legen. So kann man den Tag bestens beginnen oder ausklingen lassen.

Islands Brygge 14, svoemkbh.kk.dk/havnebade, Telefon 33663370, Öffnungszeiten täglich Juni–Sept. ganztägig, mit Aufsicht von 10:00–18:00 (Juni–Aug.), Eintritt gratis, Bus 12 Langebro, Metro Islands Brygge

④ Bei schönem Wetter macht nichts mehr Spaß, als Kopenhagen vom Wasser aus zu entdecken. Bei **GoBoat** kannst du ein Picknickboot für die ganze Familie oder Freunde (bis zu acht Personen) mieten. Die schicken Boote sind mit elektrischen Motoren ausgestattet, die mit Solarenergie aufgeladen werden. Auf ihnen kannst du selbst entscheiden, wo es langgeht. Vorab (online) reservieren!

Islands Brygge 10, www.goboat.dk, Telefon 40261025, Öffnungszeiten Sommer täglich 9:30–Sonnenuntergang, Winter 11:30–15.30,Preis 1 Stunde Picknickbootverleih 499 Dkr, 3 Stunden 1.049 Dkr, Bus 12 Langebro, Metro Islands Brygge

4

19

22
BOND
BOND

19

16
KULTUR
TÅRNET

15
119
20

⑧ Versteckt zwischen der alten königlichen Bibliothek und Christiansborg liegt ein grünes Paradies: **Bibliotekshaven**. Dieser Garten wurde 1920 dort angelegt, wo früher ein Hafen für Kriegsschiffe war. Heute ist es ein schöner, friedlicher Ort, um auf einer Bank die Sonne und die Ruhe zu genießen.
Eingang ab Rigsdagsgården oder Christiansbrygge, Telefon 33954200, Öffnungszeiten täglich 6:00–22:00, Eintritt gratis, Bus 66 Det Kongelige Bibliotek

⑪ Im Sommer findet freitags und samstags ein **Antiekmarkt** auf dem **Thorvaldsens Plads** statt. Wenn du nach einem originellen Souvenir aus Kopenhagen suchst, findest du hier besondere Döschen, Schilder und Geschirr.
Thorvaldsens Plads, www.antikmarked.com, Öffnungzeiten Mai–Okt. Fr–Sa 8:00–17:00, Bus 9a, 2a, 40 Børsen

⑮ Möchtest du die Kanäle Kopenhagens mit einem Kajak erkunden? Bei **Kayak Republic** kannst du sie mieten oder an einer geführten Tour teilnehmen. Und wenn du keine Lust auf Sport hast, bekommst du an der **Kayak Bar** erfrischende Getränke und kleine Mahlzeiten. Darüber hinaus gibt es auch

verschiedene Veranstaltungen und sogar Yoga-Kurse auf dem Wasser. Schau dir das Programm einfach auf der Webseite an.
Børskaj 12, www.kayakbar.dk/kajak, Telefon 22884989, Öffnungszeiten siehe Webseite (wetterabhängig), Preis 1 Stunde 295 Dkr, Bus 2a, 9a Børsen

⑯ **Kulturtårnet** auf der Knippelsbro ist ein Mini-Kulturinstitut in einem Kupferturm auf der Brücke und für sich allein schon ein Foto wert. In den Türmen finden verschiedene Veranstaltungen statt, beispielsweise intime Konzerte und ganz besondere Verköstigungen. Und wenn gerade keine Veranstaltungen stattfinden, erwartet dich hier ein Café: eine einmalige Erfahrung!
Knippelsbro 2, www.kulturtaarnet.dk, Telefon 28712815, Öffnungszeiten Mi–Fr 15:00–21:00, Sa 12:00–20:00, So 12:00–18:00, Preis abhängig von der Veranstaltung, Dauerausstellung 20 Dkr, Bus 2a, 9a, 37 Knippelsbro

㉙ In dem riesigen Komplex von **Copenhagen Contemporary**, einem ehemaligen Lagerschuppen, ist heute moderne Kunst zu Hause. Dabei handelt es sich vor allem um Installationen, an denen man oft selbst beteiligt ist, etwa weil man sie am eigenen Leib erfahren oder durch sie hindurchgehen kann.
Refshalevej 173a, www.cphco.org, Telefon 29897288, Öffnungszeiten Mi–So 11:00–18:00, Do 11:00–21:00, Eintritt 100 Dkr, Wassertaxi 992 ab Nyhavn, Bus 9a Refshaleøen

㉚ **Halvandet** ist ein Beachclub am Stadtrand. Hier kannst du z. B. Flyboarding und Kajakfahren ausprobieren, aber auch Beach-Volleyball und Live-Kicker. Oder du genießt bei einem Cocktail oder einem Glas Wein auch nur die Aussicht.
Refshalevej 325, www.halvandet.dk, Telefon 70270296, Öffnungszeiten Mitte April bis Mitte Sept. Mi–So 10:00–Sonnenuntergang, Preis 130 Dkr, Wassertaxi 992 ab Nyhavn, Bus 9a Refshaleøen

㉛ Wenn du einfach mal ein bisschen Zeit für dich brauchst, dann bist du bei **CopenHot** genau richtig. Hier kannst du zwischen verschiedenen Whirlpools wählen. Es gibt sogar ein fahrendes Spa-Boot, auf dem du bei einem heißen Bad durch die Kanäle der Stadt gleitest: Entspannung pur!
Refshalevej 325, copenhot.com, fb copenhot, Telefon 31327808, Öffnungszeiten siehe Webseite, Preis ab 300 Dkr, Wassertaxi 992 ab Nyhavn, Bus 9a Refshaleøen

ROUTE 4

ØSTERBRO & NØRREBRO

INFOS ZUR ROUTE

Diese Route führt dich durch Østerbro und Nørrebro, du kannst aber auch nur ein Viertel besuchen. Østerbro ist ruhig, dort kann man wunderbar übernachten. Außerdem gibt es dort tolle Cafés für einen Brunch. Nørrebro ist interessanter, besonders wenn du nicht allzu viel Zeit hast, gerne feierst und die urbane Dynamik magst. Beide Viertel kannst du prima mit dem Fahrrad erkunden.

DIE STADTTEILE

Østerbro und Nørrebro sind zwei sehr verschiedene Stadtteile. In Østerbro leben vor allem wohlhabende Familien, was sich unter anderem an den herrschaftlichen Gebäuden und luxuriöseren Geschäften in der **Østerbrogade** zeigt. Das weitläufige, ruhigere Wohngebiet kennzeichnen typische Kopenhagener Wohnhäuser aus den frühen Jahren des 20. Jahrhunderts. Hier gibt es viele kleine Boutiquen, Parks und schön Orte zum Mittagessen.

Südlich von Østerbro liegen die fünf künstlichen Seen, die das Viertel mit Nørrebro und Vesterbro verbinden. Sie sind sehr beliebt und ideal für einen Spaziergang. Wenn du alle Seen umrundet hast, bist du etwa acht Kilometer gelaufen. Viele Bewohner Kopenhagens laufen oder joggen hier am Wasser entlang oder genießen ihren Kaffee am Ufer. Wenn es das Wetter zulässt, ist die Brücke **Dronning Louises Bro** ein angesagter Treffpunkt. An der Ecke steht ein kleiner Foodtruck, dazu gibt es in der Nähe zahlreiche schöne Plätze für eine Erfrischung oder einen Snack. Kurz: der ideale Ort für einen entspannten Ausflug.

Nørrebro liegt nordwestlich des Stadtzentrums und zeichnet sich durch viele Kneipen, Cocktailbars, moderne Restaurants und ausgefallene Boutiquen aus. Im Viertel ist es immer wieder zu politischen Unruhen gekommen – heute ist es geprägt durch seine multikulturellen Bewohner. Hier wohnen besonders viele Studenten, daher gibt es ein großes Angebot an Cafés, in denen du günstig es-

BESCHREIBUNG ROUTE 4 (ca. 11,3 km)

Beginne deinen Spaziergang in Østerbro bei einem beliebten Bäcker 1, bevor du zum gemütlichen Bopa Plads 2 3 und über den Nøjsomhedsvej zur Østerbrogade gehst. Biege nach links ab. Auf der linken Seite kannst du dich später bei Frankies Pizza 4 verwöhnen lassen. Durch einen Bogen betrittst du das Viertel Brumleby 5. Im ehemaligen Badehaus 6 findest du allerlei schöne Dinge oder du wählst zwischen Dekoartikeln und hippen Haaraccessoires 7. Gehe weiter über die J. E. Ohlsens Gade zur Nordre Frihavnsgade. Biege dort nach rechts ab, um noch ein bisschen zu shoppen 8, und dann nach links in die Østerbrogade für stilvolles dänisches Design 9 10. In einem der Cafés am Wasser kannst du mittagessen 11 und anschließend am Wasser entlangspazieren 12. Hinter der zweiten kleinen Insel biegst du nach rechts in die Schleppesgrellgade. Ist schon Zeit für ein Bier 13? Weiter oben in der Ravnsborggade kannst du u. a. nach Antiquitäten suchen 14 15. Biege am Ende der Straße rechts und gleich nochmals rechts ab; du erreichst den Sank Hans Torv mit gemütlichen Bars und Cafés. Hier unbedingt ein Eis von Nicecream 16 probieren! Danach laufe die Elmegade hinab 17, gehe wieder nach rechts in die Nørrebrogade und dort rechts in die Møllegade – aber nicht, bevor du nicht ein Croissant probiert hast 18. Am Ende der Straße findest du ein Thai-Restaurant auf Sterneniveau 19. Biege dort nach links ab, um dir einen Film anzuschauen 20 und ein köstliches Bier zu trinken 21. Bei Mirabelle 22 stehen nachhaltige Gerichte auf der Karte. Gehe nach links und folge der Route über die multikulturelle Nørrebrogade 23 24 25 26 bis zum Superkilen-Park 27. Auf der anderen Straßenseite gelangst du zum Skatepark und rechts zu einem schönen Restaurant 28. Entlang des Nørrebroparken findest du noch weitere Restarants und Bars 29 30 31. Laufe die Jægersborggade 32 33 hinab und überquere den Jagtvej. Auf deinem Weg über den Friedhof 34 kommst du am Grab von Hans Christian Andersen vorbei. Verlasse den Friedhof über den Ausgang am Kapelvej, biege dort nach links ab zu weiteren leckeren Lokalen in der Griffenfeldsgade. Folge dem Park, biege an der Kirche rechts ab, laufe an ihr vorbei und dahinter nach links in die Skyttegade 35. An der Rantzausgade biegst du erneut nach links, dort findest du ein gemütliches Café 36. Über die Gartnergade, Korsgade und Todesgade kommst du zur Blågårdsgade und zum Blågårds Plads 37 – nimm dir Essen mit, um es am Wasser oder auf der Brücke 38 zu genießen. Beende deinen Spaziergang am See 39.

SEHENSWÜRDIGKEITEN

⑤ Das historische Viertel **Brumleby** wurde zu Zeiten der Cholera-Epidemie erbaut, die im 19. Jahrhundert in Kopenhagen ausbrach. Hier sind sichere und günstige Häuser für die Arbeiter entstanden. Noch heute kannst du die Atmosphäre von damals spüren, wenn du an den gelben Häusern entlangläufst.
Eingang Østerbrogade (neben dem Geschäft Rambow) oder Øster Aallé, Bus 1a Gustav Adolf Gade, 14 Brumleby

㉗ Der Stadtpark **Superkilen** befindet sich am Rand des Stadtteils Nørrebro und ist auf jeden Fall einen Spaziergang wert. Bei dessen Gestaltung, die teilweise von dem bekannten Architekturbüro BIG konzipiert wurde, wurden die 57 Nationalitäten des Viertels mit allen möglichen Attributen wie Briefkästen, Bänken und Werbetafeln einbezogen. Der Park ist in drei Bereiche aufgeteilt. Im roten Teil kannst du skaten, dich im Boxring austoben oder schaukeln. Im grünen kannst du an speziellen Plätzen picknicken. Und im schwarzen gibt es viele Bänke und Tische mit Schachbrettern und einige große Grills.
Mimersgadekvarteret/Nørrebrogade, Bus 5c Nørrebrohallen

㉞ **Assistens Kirkegård** ist ein alter Friedhof, auf dem zahlreiche berühmte Dänen beerdigt sind, u. a. der Dichter Hans Christian Andersen, der Philosoph Søren Kierkegaard und der Physiker Niels Bohr. Viele Kopenhagener kommen zudem hierher, um zwischen den Gräbern zu picknicken. Das wirkt auf den ersten Blick vielleicht ein wenig befremdlich, ist aber eigentlich eine schöne Idee.
Eingang Jagtvej, Hans Tavsens Park, Nørrebrogade, Kapelvej, www.assistens.dk, Telefon 33669100, Öffnungszeiten täglich Okt.–März 7:00–19:00, April–Sept. 7:00–22:00, Eintritt gratis, Bus 8a Jægersborggade, 5c Kapelvej

㊳ Die **Dronning Louises Bro** (Königin-Louise-Brücke) ist die bekannteste Brücke der Stadt, in der Mitte der Kopenhagener Seen mit traumhaftem Blick auf verschiedene Teile der Stadt. Sie wurde 1887 errichtet und war Schauplatz vieler Aufstände und Demonstrationen. Heute ist sie vor allem eine wichtige Verkehrsader für Radfahrer und ein beliebter Treffpunkt für Jung und Alt. Im Sommer sitzen die Menschen entlang des Geländers und genießen die Sonne.
Dronning Louises Bro, Metro Nørreport, Bus 5c Ravnsborggade

1

juno
the
bakery

16

SIGNATURE FLAVORS
Lonely One 29.-
Amazing Duo 49.-
Heroic Triple 59.-
Side cookie 12.-
Sundae topping +10.-

ESSEN & TRINKEN

① Man könnte es fast schon als Gourmet-Bäckerei-Wahn bezeichnen: Überall in Kopenhagen schießen Bäckereien aus dem Boden, die von echten Spezialisten mit Leidenschaft für Brot gegründet werden. Bei **Juno the Bakery**, die von einem jungen Mann eröffnet wurde, der bereits im Noma gearbeitet hat, gibt es nach Meinung vieler die besten Croissants und Kardamomstangen – geflochtene, süße Teilchen mit Kardamom und Zucker und eigentlich ein schwedischer Snack! Es kann durchaus passieren, dass du hier Schlange stehen musst ...
Århusgade 48, insta juno_the_bakery, Öffnungszeiten Mi–Sa 7:30–18:00, So 8:00–15:00, Preis Croissant 35 Dkr, Bus 1a, 14 Århusgade

② Bei **Isoteket** auf dem hyggeligen Bopa Plads bekommst du köstliche Eiscreme. Für viele ist das Eis aus diesem kleinen Laden das beste im Viertel. Es wird nach eigenem Rezept frisch hergestellt und ist zu 100 Prozent biologisch.
Randersgade 43, www.isoteket.de, Telefon 26279674, Öffnungszeiten täglich 12:00–21:00 während der Eissaison, Preis 30 Dkr je Kugel, Bus 1a Århusgade

③ Auf der Terrasse des **Pixie**, unter einem Sonnenschirm, kommt man sofort in Urlaubsstimmung. Das gemütliche Bistro serviert Frühstück, Mittag-, Abendessen und Cocktails – zu jeder Tageszeit also der perfekte Ort zum Entspannen.
Løgstørgade 2, www.cafe-pixie.com, Telefon 39300305, Öffnungszeiten Mo–Fr 8:30–0:00, Sa 10:00–0:00, So 10:00–22:00, Preis Brunch 135 Dkr, Bus 3a Hobrogade, 1a Gustav Adolfs Gade

④ **Frankies Pizza** ist das neueste Konzept der erfolgreichen Gründer von Madklubben – eine angesagte Location für eine leckere Steinofenpizza mit einem Glas Wein oder Cocktail. Das Besondere sind die angenehme Atmosphäre und die günstigen Preise. Alle Pizzen gibt es auch glutenfrei.
Østerbrogade 79, www.frankiespizza.dk, Telefon 38414172,
Öffnungszeiten Mo–Sa 17:00–0:00, So 17:00–23:00, Preis Pizza 80–150 Dkr,
Bus 1a, 14 Gustav Adolfs Gade

⑪ Bei **Søpromenaden** hast du einen herrlichen Blick über die Seen Kopenhagens. In diesem traditionellen Café kann man ausgezeichnetes authentisches dänisches Essen genießen. Die absoluten Klassiker sind der *Smørrebrød*-Lunch und *Flæskesteg* (Schweinefleisch).

Sortedam Dossering 103, www.søpromenaden.dk, Telefon 35426606, Öffnungszeiten täglich 11:00–23:00, Preis *Smørrebrød* ab 65 Dkr, Bus 1a, 14, 37 Lille Triangel

⑬ **Nørrebro Bryghus** ist Mikrobrauerei, Bar und Café in einem, wo man buchstäblich neben den Braukesseln sitzt. Die Brauerei befindet sich in einer alten Metallfabrik in Herzen Nørrebros und wurde von amerikanischen Brauereien inspiriert, denen Nørrebro Bryghus eine skandinavische Note verleiht. Die Gerichte sind auf das Bier und die Jahreszeiten abgestimmt. Abends kannst du bei **Braw** im Erdgeschoss bis in die späten Stunden lokale Biobiere trinken. Es gibt ein Bierchen für jeden Geschmack, jede Stimmung und jeden Anlass.

Ryesgade 3, www.noerrebrobryghus.dk, Telefon 35300530, Öffnungszeiten Mo–Do 12:00–23:00, Fr–Sa 12:00–1:00, So 12:00–22:00, Preis Drei-Gänge-Menü 330 Dkr, Bier ab 45 Dkr, Bus 5c Ravnsborggade, 3a Sankt Hans Torv

⑯ Das Eis von **Nicecream** ist soooo lecker! In Geschmacksrichtungen wie Oh Sweet Lemon und Chocoholic könnte man sich reinsetzen. Es wird aus Kokosnussmilch hergestellt, ist also frei von tierischen Produkten, enthält außerdem keine künstlichen Farb- oder Aromastoffe, sondern ist biologisch und fair gehandelt. Sündigen ohne Reue! Nicecream ist einmalig, es ist die einzige 100 % vegane Eisdiele in Dänemark.

Elmegade 30, www.nicecreamcph.com, Telefon 42778808, Öffnungszeiten Mo–Di 12:00–18:00, Fr–Sa 12:00–20:00, Preis 1 Kugel 29 Dkr, Bus 3a Sankt Hans Torv

⑰ Im **The Laundromat Café** kannst du nicht nur einen Kaffee trinken, sondern gleichzeitig auch deine Wäsche waschen. Es ist nämlich nicht nur ein gemütliches Café, sondern gleichzeitig auch ein Waschsalon, der im amerikanischen Stil mit roten Sofas und Designlampen eingerichtet ist. Du kannst dort auch ein Spiel spielen, z. B. Schach. Für ein gemütliches Mittag- oder Abendessen ist es ein beliebter Treffpunkt für Einheimische. Natürlich wirst du hier auch bedient, wenn du keine Schmutzwäsche dabeihast.

Elmegade 15, www.thelaundromatcafe.com, Telefon 35352672, Öffnungszeiten täglich 9:00–21:00, Preis Brunch 145 Dkr, Kaffee 30 Dkr, Bus 3, 5c Elmegade

⑱ Der Duft von frisch geröstetem Kaffee und frisch gebackenem Brot und Croissants erwartet dich bei **Andersen & Maillard**. Dieses modern-industrielle, aber wahnsinnig gemütliche Café liegt mitten auf der multikulturellen Nørrebrogade. Lust auf was Neues? Dann probiere das Kaffee-Softeis, das in einem Croissant serviert wird!

Nørrebrogade 62, www.andersenmaillard.dk, Telefon 30864922, Öffnungszeiten täglich 7:00–19:00, Preis Kaffee 35 Dkr, Bus 5c Kapelvej

⑲ Es gibt weltweit nur zwei Thai-Restaurants, die einen Michelin-Stern haben: **Kiin Kiin** ist eines davon. Für ein atemberaubendes thailändisches Geschmackserlebnis solltest du hier einen Tisch reservieren! Wenn du eher Lust auf ein entspanntes Dinner hast, besuche das **Kiin Kiin Bao Bao** in Vesterbro, wo du köstlich leichte, gefüllte weiche Brötchen bekommst.

Guldbergsgade 21, www.kiin.dk, Telefon 35357555, Öffnungszeiten Mo–Sa 18:00–0:00, Preis Sieben-Gänge-Menü 1.150 Dkr, Bus 5c Kapelvej

30
Mikkeller
& Friends

22

21
16 SUR YULE
24 SHOT IN THE DARK

18
ICED LATTE
ICED FILTER
CAPPUCCINO
LATTE
FLAT WHITE
CORTADO
ESPRESSO
AMERICANO

25

22

(21) Bei **Brus** findest du eine große Auswahl an Bieren, köstlichen Gerichten und eine gemütliche Atmosphäre. Das Lokal vereint Brauerei, Restaurant, Geschäft und Bar unter einem Dach und befindet sich zusammen mit dem Kino Empire Bio in einer alten Fabrik, in der früher Lokomotiven hergestellt wurden. Der offene, industrielle Look fühlt sich alles andere als kalt an. An jedem letzten Samstag im Monat gibt es eine Führung (auf Englisch) mit Verkostung: eine tolle Möglichkeit, wenn du mehr über Bier erfahren möchtest. Die Tour online buchen.
Guldbergsgade 29f, www.tapperietbrus.dk, Telefon 75222200, Öffnungszeiten Bar Mo–Do 15:00–0:00, Fr 12:00–3:00, Sa 11:00–3:00, So 11:00–0:00, Küche Mo–Do 15:00–22:00, Fr–So 12:00–22:00, Preis Bier 55 Dkr, Tour 245 Dkr, Bus 5c Kapelvej

(22) **Mirabelle** besteht aus zwei Teilen: einer Bäckerei und einem Restaurant. Hier bekommst du ein Frühstück oder Mittagessen mit frisch gebackenem Sauerteigbrot und z. B. Eggs Benedict. Oder ein Bioabendessen mit Schwerpunkt auf nachhaltig gefangenem Fisch, hausgemachter Pasta und Gemüse der Saison.
Guldbergsgade 29, www.restaurant-mirabelle.dk, Telefon 35354724, Öffnungszeiten Di 7:00–16:00, Mi–Sa 7:00–21:00, So 7:00–16:00, Preis Frühstück 75 Dkr, frische Pasta 125 Dkr, Bus 5c Kapelvej

(24) Bei **Gaarden & Gaden** kommen nur biologische Speisen aus reionalem Anbau auf den Teller, zu denen du zum Beispiel ein Glas Naturwein oder ein spezielles Bier genießen kannst. In dieser modernen, stilvollen Weinbar finden zudem regelmäßig Konzerte statt.
Nørrebrogade 88, www.gaaga.dk, Telefon 55550880, Öffnungszeiten Mo–Do 12:00–0:00, Fr 12:00–2:00, Sa 10:00–2:00, So 10:00–0:00, Preis ab 75 Dkr, Bus 5c Sjællandsgade

(25) Bei **Oysters & Grill** kannst du zwischen verschiedenen Arten von Austern, Muscheln und anderen Meeresfrüchten und Fischen wählen. Alle Meeresfrüchte werden wie in Spanien gebraten, gegrillt oder à la plancha gekocht. Für Fleischliebhaber gibt es auch einige köstliche Fleischgerichte. Surf & Turf in einem lässigen, gemütlichen Restaurant mit lustigen Tischdecken.
Sjællandsgade 1b, www.cofoco.dk/da/restauranter/oysters-and-grill, Telefon 70206171, Öffnungszeiten täglich 17:30–0:00, Preis Drei-Gänge-Menü 330 Dkr, Bus 5c Sjællandsgade

㉖ Bei **Møller Kaffe & Køkken** kannst du hervorragend brunchen und lunchen – der ideale Ort, wenn du immer wieder etwas Neues ausprobieren möchtest. Du kannst dich nicht entscheiden? Dann auf ins Mad & Kaffe, ein beliebtes Frühstücks- und Brunchrestaurant. Dank der Wahl zwischen fünf oder sieben Gerichten musst du nicht überlegen, ob du etwas Süßes oder etwas Pikantes möchtest. Am späten Vormittag kann es recht voll werden, daher solltest du besser früh kommen.

Nørrebrogade 160, www.madogkaffe.dk, Telefon 31350880, Öffnungszeiten täglich 8:30–21:00 Uhr, Preis 5 Frühstücks-/Brunchgerichte 135 Dkr,, Bus 5c Stefansgade

㉘ An der Nørrebroruten, am Skaterpark, liegt **Friheden**. Eine genauere Adresse gibt es nicht, das Lokal ist aber leicht zu finden. Hier kannst du dich auf ein Glas Naturwein oder ein Bier niederlassen. Am Wochenende legt ein DJ auf, aber nur immer so laut, dass man sich dabei noch unterhalten kann. Du bekommst hier auch Kleinigkeiten zu essen, vom Frühstück bis zum Abendessen.

Nørrebroruten, www.frihedenkbh.dk, Öffnungszeiten Mo–Mi 9:00–0:00, Do 9:00–1:00, Fr–Sa 9:00–2:00, So 9:00–18:00, Preis Glas Wein ab 55 Dkr, Brunch 145 Dkr, S-Bahn Nørrebro, Bus 5c Nørrebrohallen

㉙ It's all in the name: Der Newcomer **Bar Pasta** serviert gute und erschwingliche Pastagerichte mit einem schönen Glas Wein. Auf der Speisekarte gibt es drei verschiedene Nudelgerichte und einige Antipasti als Vorspeise.

Vedbækgade 13, www.barpasta.dk, Telefon 69806001, Öffnungszeiten Mo–Do 17:00–22:00, Fr–Sa 17:00–0:00, Preis Pasta ab 135 Dkr, Bus 5c Stefansgade

㉚ Wenn du eine schicke Bierbar suchst, dann bist du bei **Mikkeller & Friends** genau richtig. Sie brauen zahlreiche Spezialbiere. Du kannst zwischen 40 verschiedenen Fassbieren wählen, vom Weiß- bis zum dunkelsten Schwarzbier. Im Sommer teilt sich die Bar nebanan im Nørrebroparken die Tische mit ihren Nachbarn; so kannst du dein Bier z. B. mit einer Pizza von Stefano's kombinieren.

Stefansgade 35, www.mikkeller.dk/location/mikkeller-friends, Telefon 35831020, Öffnungszeiten So–Mi 14:00–0:00, Do–Fr 14:00–2:00, Sa 12:00–2:00, Preis Fassbier ab 35 Dkr, Bus 5c Stefansgade

22
TAKE AWAY HVER DAG
KL. 7-17
vent venligst så betjener vi dig om lidt

(31) Im urgemütlichen **Café Taxa** schmeckt alles herrlich. Im Sommer kannst du z. B. mit einer erfrischenden hausgemachten Limonade auf der Terrasse sitzen. Dazu gibt es in diesem Viertel viele gemütliche Plätze, um ein Bier zu trinken.
Hørsholmsgade 32, www.cafe-taxa.com, Telefon 35832200, Öffnungszeiten Mo–Do 8:30–12:00, Fr 8:30–1:00, Sa 10:00–1:00, So 10:00–22:00, Preis Burger 145 Dkr, Bus 8a Jægersborggade

(35) Wenn du am Wochenende im **Sidecar** brunchen möchtest, solltest du reservieren! Du bestellst einfach einen Brunch von der Speisekarte und kannst dich dann am Buffet mit leckeren süßen und salzigen Köstlichkeiten bedienen. Am Abend übernimmt **Maobao** die Küche – dann gibt es hier asiatisches Streetfood.
Skyttegade 5, www.sidecarnoerrebro.dk, Telefon 20999727, Öffnungszeiten Mo 8:00–16:00, Di–Mi 8:00–22:30, Do 8:00–0:00, Fr 8:00–0:30, Sa 9:30–0:30, So 9:30–22:30, Preis weekendBrunch 169 Dkr, Bus 12, 66 Skyttegade

(36) In der eigentümlichen, aber sehr gemütlichen Eckkneipe **Tjili Pop** kannst du frühstücken, mittagessen oder auch nur einen Kaffee trinken. Das gemütliche

Interieur ist eine farbenfrohe Mischung aus alten Möbeln. Das schafft eine nette, gelassene Atmosphäre, die einen immer wieder aufs Neue anlockt.
Rantzausgade 28, www.tjili.dk, Telefon 35359020, Öffnungszeiten So–Mo 9:00–1:00, Di–Mi 9:00–2:00, Do 9:00–3:00, Fr–Sa 9:00–4:00, Preis Milchkaffee 28 Dkr, Sandwich 79 Dkr, Bus 3a, 12, 66 Skyttegade

㊲ Die **Blågårdsgade** ist eine Fußgängerzone, in der du die vielen Geschmäcker des multikulturellen Nørrebro probieren kannst – im wahrsten Sinne des Wortes. Probiere dich beispielsweise durch die Tacos im **Blue Taco** an der Nummer 1. Wegen des blauen Maises, aus dem sie gemacht sind, sind sie wirklich blau. Oder versuche die Dumplings bei **Gao** (Nummer 3), Falafel bei **Ahaaa** (Nummer 22) oder französisch-syrisches Essen bei **Julia & Safija** (Nummer 4d).
Blågårdsgade, Bus 3a, 5c, 350s Elmegade

㊴ Im Winter ist **Kaffesalonen** ein einfaches, gemütliches Cafe. Im Sommer öffnet die fantastische Holzterrasse direkt am See, auf der man in roten Sesseln stundenlang faulenzen kann. Abends gibt es einfache Gerichte vom Grill. Du kannst hier auch Tretboote mieten, um über die Seen zu fahren.
Peblinge Dossering 6, www.kaffesalonen.com, Telefon 35351219, Öffnungszeiten Mo–Fr 8:00–0:00, Sa–So 10:00–0:00, Preis Burger ab 95 Dkr, Bus 5c Ravnsborggade

SHOPPEN

⑥ Im alten Badehaus des historischen Viertels Brumleby findest du bei **Rambow** schöne Dinge für Haus, Garten und Küche. Du erkennst den Laden schnell an all den gemütlichen, farbigen Metallbistrostühlen auf der Straße. Neben Gartenmöbeln gibt es auch einigen Krimskrams, den du vielleicht besser in deinem Koffer transportieren kannst.
Østerbrogade 55a, www.rambow.dk, Telefon 35263007, Öffnungszeiten Do–Fr 12:00–18:00, Sa 10:00–15:00, Bus 1a Gustav Adolfs Gade

⑦ Egal, ob du ein Fan von Glitzer bist oder eher elegante und lässige Mode magst, bei **Pico** wirst du mit Sicherheit etwas Schönes finden. Alles ist zeitlos oder absolut zeitgemäß, die Produkte sind hochwertig, aber erschwinglich. Die

Besitzerin Anne-Marie Pico entwirft alle Schmuckstücke und Accessoires selbst. Die Boutique ist mit einer echten alten Apothekentheke sehr schön eingerichtet.
Østerbrogade 98, www.p-i-c-o.dk, Telefon 35558769, Öffnungszeiten Mo–Do 10:00–17:30, Fr 10:00–18:00, Sa 10:00–15:00, Bus 1a Gustav Adolfs Gade

⑧ Bei **Personlig** findest du schöne und spannende Wohndeko, zum Beispiel marokkanische handgeknüpfte Teppiche in leuchtenden Farben oder kleine Deko in praktischen „Ich bin mit dem Flugzeug"-Größen. Halte dich nicht zurück und verleihe deinem Zuhause einen persönlichen Touch.
Nordre Frihavnsgade 13, www.personlig.dk, Telefon 39404054, Öffnungszeiten Mo–Fr 11:00–18:00, Sa 11:00–15:00, Bus 1a, 3a, 14 Trianglen

⑨ Der Flagshipstore der berühmten Marke **Normann Copenhagen** befindet sich in einem alten Kino aus den 1950er-Jahren. Er ist mit den schönsten Accessoires, Möbeln und Lampen eingerichtet, die alle die Idee verbindet, durch großartiges Design aus etwas Gewöhnlichem etwas Besonderes zu machen. Das Designerduo hat bereits 50 Preise gewonnen. Auf jeden Fall einen Besuch wert.
Østerbrogade 70, www.normann-copenhagen.dk, Telefon 35270540, Öffnungszeiten Mo–Fr 11:00–17:30, Sa 10:00–15:00, Bus 1a, 3a, 14 Trianglen

⑩ In einem schönen Gebäude mit Blick auf die Seen sitzt **Stine Goya**, ein dänisches Designer-Label, das sich auf die modebewusste Frau konzentriert. Stine Goya hat am berühmten Central Saint Martins in London Mode studiert und gleich danach in ihrer Heimat ihr eigenes Label gegründet. Ihre femininen, farbenfrohen Designs haben der dänischen Mode neues Leben eingehaucht.
Østerbrogade 46, stinegoya.com, Telefon 32171010, Öffnungszeiten Mo–Fr 11:00–18:00, Sa 11:00–16:00, Bus 1a, 14, 37 Lille Triangel

⑭ In den vielen Antiquitätenläden in der **Ravnsborggade** kannst du nach Herzenslust zwischen alten Sachen stöbern. In den Geschäften herrscht oft das pure Chaos – du musst wirklich zwischen den oft bis unter die Decke gestapelten Sachen suchen. Hier wird alles verkauft, von ausgestopften Tieren bis hin zu Möbeln und Silberwaren.
Ravnsborggade, www.ravnsborggade.dk, Öffnungszeiten der meisten Geschäfte Di–Fr 10:00–17:00, Sa 11:00–14:00, Bus 5c Ravnsborggade

9

6

7

⑮ **Bungalow** ist ein Einrichtungsladen mit vielen schönen Produkten. Traditionell bedruckte Textilien und handgefertigte Produkte mit Blockdruck sind das Markenzeichen, aber es gibt auch schöne Decken, Kissen und Geschirr. Inhaberin Minna liebt Indien – das spiegelt sich in den Entwürfen und Produkten wider.
Ravnsborggade 17, www.bungalow.dk, Telefon 26154065, Öffnungszeiten Mo–Fr 11:00–17:30, Sa 11:00–15:00, Bus 5c Ravnsborggade

㉓ Die Spezialität das proppevollen Ladens **Hot Kotyr** sind Kronleuchter mit Glashauben aus den 1920er- und 1930er-Jahren. Außerdem gibt es hier alte Vinylschallplatten, klassische Designerlampen und lustige Metallschilder. Halte hier unbedingt Ausschau nach einem einzigartigen Fund.
Nørrebrogade 76, www.hotkotyr.dk, Telefon 30350274, Öffnungszeiten Mo–Fr 11:00–18:00, Sa 10:00–14:00, Bus 5c Kapelvej

㉜ Bei **Karamelleriet** bekommst du Karamell und kannst dabei zuschauen, wie es mit Sorgfalt und den feinsten Zutaten in einem offenen Kupferkessel hergestellt wird. Wie klingen Erdnusskrokant, Weichkaramell, Hartkaramell

(Steine), Fruchtbonbons und Toffees für dich? Läuft dir nicht auch schon das Wasser im Mund zusammen?

Jægersborggade 36, www.karamelleriet.com, Telefon 70237777, Öffnungszeiten Mo 12:00–17:30, Di–Fr 10:00–17:30, Sa–So 11:00–15:00, Bus 8a Jægersborggade

FREIZEITTIPPS

⑫ Auf den Bänken an der Østerbrogade am Ufer der Seen kannst du die Sonne und die Aussicht auf die **Søerne** genießen. Dies ist ein wunderbarer Ort, um sich auszuruhen und die Menschen zu beobachten. Die Seen waren ursprünglich angelegt worden, um die Stadt mit Wasser zu versorgen. Später wurde das Wasser auch als Verteidigungsanlage genutzt, aber noch bis Mitte des letzten Jahrhunderts dienten die Seen als Wasserreservoir. Ende der 1960er-Jahre wurden die Seen und ihre Umgebung als „Park" anerkannt; heute sind sie einer der beliebtesten öffentlichen Räume der Stadt.

Østersøgade, Bus 1a, 14, 37 Lille Triangel, Metro Nørreport

⑳ **Empire Bio** wurde bereits mehrere Male zum besten Kino in Kopenhagen gewählt. In den bequemen Stühlen mit doppelten Armlehnen und viel Beinfreiheit ist es in der Tat sehr entspannend, Filme anzusehen. Danach kannst du dich mit Freunden im Café des Kinos austauschen, das im Sommer eine schöne Dachterrasse hat. In Dänemark werden Filme in der Originalfassung mit dänischen Untertiteln gezeigt.

Guldbergsgade 29f, www.empirebio.dk, Telefon 35360036, Öffnungszeiten täglich 12:00–22:30, Preis 90–100 Dkr, Bus 5c Kapelvej

㉝ Die **Jægersborggade** verläuft vom Assistens Kirkegård zum Nørrebroparken. Sie ist eine der beliebtesten Straßen mit zahlreichen angesagten Adressen. Hier kannst du in allen möglichen Kategorien essen (z. B. bei **Manfreds**, **Relæ**, **GRØD** oder **Plantepølsen**) oder ein herrliches kaltes Bier trinken. In den Untergeschossen der großen Gebäude befinden sich Boutiquen und Geschäfte mit ungewöhnlichen, kreativen Artikeln wie die **Craftsisters**. Mit etwas Glück findet hier an einem Sommerwochenende ein *Loppemarked* (ein Flohmarkt) statt.

Jægersborggade, Bus 8a Jægersborggade

ROUTE 5

FREDERIKSBERG & VESTERBRO

INFOS ZUR ROUTE

Wenn du alles entlang dieser Route sehen möchtest, solltest du mit dem Fahrrad fahren. Im westlichen Teil liegen einige Sehenswürdigkeiten, die etwas weiter voneinander entfernt sind. Wenn du weniger Zeit hast, kannst du nur den östlichen Teil der Route machen. Für jeden ist etwas Schönes dabei: einkaufen, spazieren gehen, Kultur genießen, ausgiebig essen und – in Vesterbro – feiern.

DIE STADTTEILE

Auch wenn Frederiksberg mitten in Kopenhagen liegt, gehört dieser Stadtteil eigentlich nicht zur Stadt. Er hat nämlich eigene Stadtrechte, einen eigenen Bürgermeister und ein eigenes Rathaus. Gemessen an der Bevölkerung ist es sogar die fünftgrößte Stadt Dänemarks – Kopenhagen ist um Frederiksberg herum gewachsen. Heute ist es vor allem für wohlhabende Familien eine beliebte Wohngegend. Die großen, frei stehenden Häuser verleihen dem Viertel ein schickes Aussehen. Auf der sowie rund um die **Frederiksberg Allé** gibt es zahlreiche Theater, Cafés und Restaurants, Geschäfte findest du rund um den **Gammel Kongevej**. **Frederiksberg Have** und **Søndermarken** sind zwei wunderschöne Parks, und östlich von Søndermarken liegt der ehemalige Standort der Carlsberg-Brauerei. Das Gebiet entwickelt sich rasend schnell; viele kulturelle Initiativen haben sich hier niedergelassen und du kannst zahlreiche architektonische Sehenswürdigkeiten besichtigten.

Das Arbeiterviertel Vesterbro war lange Zeit vor allem für seine Kneipen und Prostitution bekannt. Auch wenn diese noch immer direkt hinter dem Bahnhof zu finden sind, hat sich auch dieser Stadtteil stark verändert. Das Viertel, heute eines der beliebtesten Wohngebiete Kopenhagens, ist in den letzten Jahren stark gewachsen und zieht viele junge, kreative Menschen an. Hier gibt es schöne Design-Boutiquen wie **Istedgade**, Cafés, Bars und Restaurants. Dass die Erneuerung des Viertels ein Erfolg ist, ist auf dem **Sønder Boulevard** und

dem **Halmtorvet** deutlich zu sehen.
ge aufhielten, gibt es heute Straßen

Enorm entwickelt hat sich außerdem
Kødbyen. Das früher hauptsächlich
nutzte Gebiet ist ein beliebter Partyb
Clubs und im Sommer an den Woche

WENIG ZEIT? DAS SIND DIE HI

Frederiksberg Have + Værnedamsv
Sønder Boulevard + Folkehuset Ab

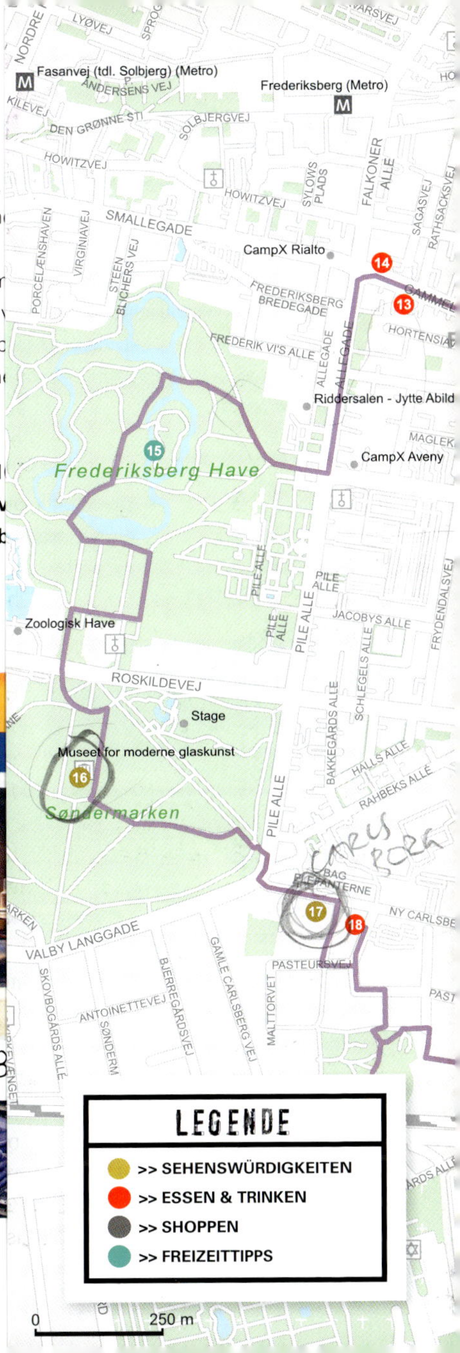

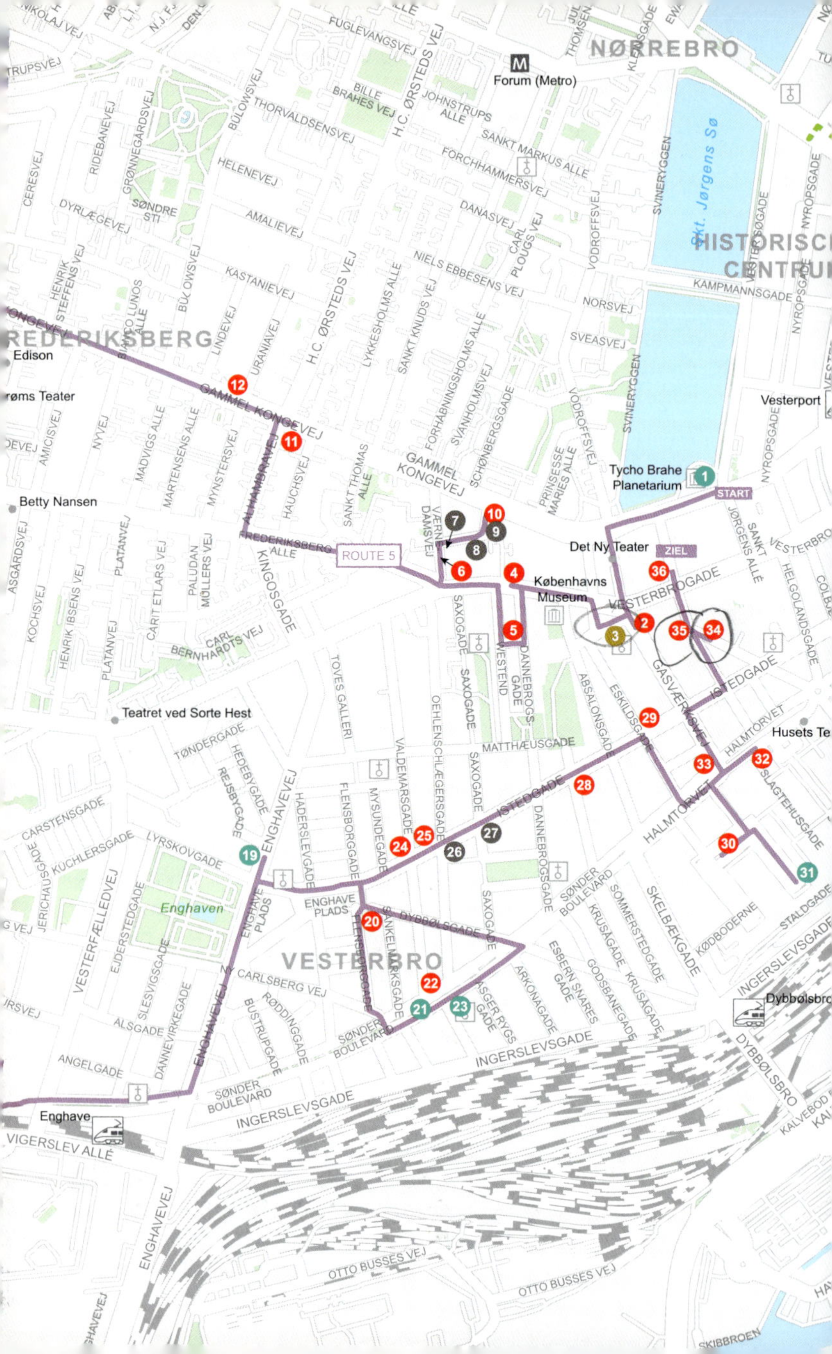
NØRREBRO
Forum (Metro)
FUGLEVANGSVEJ
BILLE BRAHES VEJ
H.C. ØRSTEDS VEJ
JOHNSTRUPS ALLE
THORVALDSENSVEJ
BÜLOWSVEJ
SANKT MARKUS ALLE
FORCHHAMMERSVEJ
Sankt Jørgens Sø
SVINERYGGEN
HISTORISCH
CENTRUM
NYROPSGADE
KAMPMANNSGADE
CERESVEJ
RIDEBANEVEJ
GRØNNEGÅRDSVEJ
SØNDRE STI
HELENEVEJ
DYRLÆGEVEJ
AMALIEVEJ
DANASVEJ
CARL PLOUGS VEJ
VODROFFSVEJ
NIELS EBBESENS VEJ
KASTANIEVEJ
HENRIK STEFFENS VEJ
BÜLOWSVEJ
BIANCO LUNOS ALLE
LINDEVEJ
URANIAVEJ
H.C. ØRSTEDS VEJ
LYKKESHOLMS ALLE
SANKT KNUDS VEJ
SANKT KNUDS VEJ
LYKKESHOLMS ALLE
NORSVEJ
SVEASVEJ
KONGEVEJ
FREDERIKSBERG
Edison
GAMMEL KONGEVEJ
røms Teater
AMICISVEJ
NYVEJ
MADVIGS ALLE
MARTENSENS ALLE
MYNSTERSVEJ
ALHAMBRAVEJ
HAUCHSVEJ
SANKT THOMAS ALLE
GAMMEL KONGEVEJ
FORHÅBNINGSHOLMS ALLE
SVANHOLMSVEJ
SCHØNBERGSGADE
PRINSESSE MARIES ALLE
VODROFFSVEJ
Vesterport
Tycho Brahe Planetarium
START
Betty Nansen
VÆRNEDAMSVEJ
FREDERIKSBERG ALLE
ROUTE 5
Det Ny Teater
ZIEL
SANKT JØRGENS ALLE
VESTERBROGADE
Københavns Museum
ASGÅRDSVEJ
PLATANVEJ
CARL ETLARS VEJ
PALUDAN MÜLLERS VEJ
KINGOSGADE
KOCHSVEJ
HENRIK IBSENS VEJ
CARL BERNHARDTS VEJ
SAXOGADE
WESTEND
DANNEBROGSGADE
GASVÆRKSVEJ
ISTEDGADE
HELGOLANDSGADE
COLBJØRNSENSGADE
Teatret ved Sorte Hest
TOVES GALLERI
OEHLENSCHLÆGERSGADE
SAXOGADE
ABSALONSGADE
ESKILDSGADE
HALMTORVET
Husets Te
TØNDERGADE
HEDEBYGADE
REJSBYGADE
MATTHÆUSGADE
VALDEMARSGADE
FLENSBORGGADE
MYSUNDEGADE
HADERSLEVGADE
ENGHAVEVEJ
ISTEDGADE
DANNEBROGSGADE
HALMTORVET
SLAGTEHUSGADE
CARSTENSGADE
KÜCHLERSGADE
LYRSKOVGADE
JERICHAUSGADE
Enghaven
ENGHAVE PLADS
ENGHAVE PLADS
DYBBØLSGADE
SANKELMARKSGADE
FLENSBORGGADE
SAXOGADE
SØNDER BOULEVARD
SOMMERSTEDGADE
SKELBÆKGADE
KØDBODERNE
STALDGADE
VESTERFÆLLEDVEJ
EJDERSTEDGADE
SLESVIGSGADE
VESTERBRO
NY CARLSBERG VEJ
KRUSAGADE
ESBERN SNARES GADE
GODSBANEGADE
ARKONAGADE
ASGER RYGS GADE
INGERSLEVSGADE
Dybbølsbro
ALSGADE
DANNEVIRKEGADE
RØDDINGGADE
BUSTRUPGADE
SØNDER BOULEVARD
ANGELGADE
ENGHAVEVEJ
INGERSLEVSGADE
DYBBØLSBRO
SØNDER BOULEVARD
INGERSLEVSGADE
Enghave
VIGERSLEV ALLÉ
KALVEBOD
ENGHAVEVEJ
OTTO BUSSES VEJ
OTTO BUSSES VEJ
SKIBBROEN

BESCHREIBUNG ROUTE 5 (ca. 10,5 km)

Starte mit einer „Reise durch Raum und Zeit" 1. Gehe am See entlang bis zum Neuen Theater links – dort betrittst du Vesterbro. Überquere die Straße für ein fruchtiges Frühstück 2. Gehe wieder zurück zum kleinen Platz mit der mittelalterlich aussehenden Kirche 3 und weiter die Vesterbrogade entlang. Reserviere einen Tisch 4 oder schau, ob du am Abend auf einen Cocktail zurückkommen möchtest 5. Biege rechts in den Værnedamsvej, wo sich gemütliche Cafés und Geschäfte befinden 6 7. Wenn du Lust auf dänische Mode und Kunst 8 9 hast, biege noch mal rechts ab. Du kommst am kleinsten Hotel der Stadt vorbei 10. Wieder ein Stück zurück, kannst du über die schöne Frederiksberg Allé schlendern. Biege nach rechts in den Mynstersvej ein und links den Gammel Kongevej hinunter. Hier findest du schöne Lokale für einen Lunch oder Kaffee 11 12. Oder du nimmst einen Lunch für ein Picknick im Park mit 13 14. Laufe bis zum Rathausplatz hinunter und biege nach links ab, bis du rechts den Park betreten kannst 15. Spaziere in Richtung Schloss und weiter zum Søndermarken-Park. Durch die Glaspyramide gelangst du unter die Erde 16. Verlasse den Park nach links, laufe zwischen den Elefanten hindurch in die Carlsbergbyen 17 Biege rechts ab und überquere den Bryggernes Plads. Geh nach links und wieder links und genieße ein Getränk auf dem Dach des Designhotels 18. Geh auf dem Pasteursvej zurück, folge der Kurve und weiter auf dem Fadet in Richtung J. C. Jacobsen-Garten. Verlasse den Park in Richtung Bohrsgade und biege rechts in den Humletorvet in Richtung Sønder Boulevard ein. An der Kirche vorbei, links abbiegen in den Enghavevej; weiter zum Park. Für ein Konzert am Abend, liegt ein wenig weiter links das Vega 19. Hier kannst du über den Platz zur Flensborggade 20 gehen. Diese Straße führt zurück in den gemütlicheren Teil des Sønder Boulevard 21, mit vielen Essensmöglichkeiten für jeden Geldbeutel 22 23. Du kannst bis Halmtorvet fahren oder über die Dybbølsgade zurück zum Enghave Plads laufen. Weiter geht der Bummel durch die Istedgade 24, eine Straße voller gemütlicher Cafés und trendiger Geschäfte 25 26 27 28 29. Biege rechts in die Eskildsgade ein. Jetzt kannst du direkt in das belebte Kødbyen 30 gehen, um zu Abend zu essen, tanzen oder eine Ausstellung zu besuchen 31. Verlasse das Gelände wieder und gehe nach rechts. Auch am Halmtorvet findest du gute Restaurants 32 33. Durch den Gasværksvej geht es zurück zur Istedgade und nach links in die Viktoriagade. An der Kreuzung kannst du wählen zwischen dänischer Küche rechts 34 und dänischem Bier links 35. Laufe die Straße hinunter, überquere die Vesterbrogade und beende den Tag mit einem Cocktail 36.

SEHENSWÜRDIGKEITEN

③ Die **Eliaskirke** wirkt, als stammt sie aus dem Mittelalter, und doch wurde die Kirche erst 1908 erbaut. Sie wurde von denselben Architekten entworfen wie das Rådhus (Rathaus) von Kopenhagen, hat nicht weniger als neun Stockwerke und besteht aus einem Labyrinth an Korridoren und Treppen.
Vesterbros Torv, Vesterbrogade 49, www.eliaskirken.dk, Telefon 33312304, Öffnungszeiten täglich 10:00–17:00, Di & Fr bis 19:00, Eintritt gratis, Bus 6a, 26 Vesterbros Torv

⑯ In den **Cisternerne** werden Werke dänischer und internationaler Künstler ausgestellt. Durch eine kleine Glaspyramide im Park geht es hinunter zu einem Reservoir, das die Stadt im 19. Jahrhundert mit Trinkwasser versorgte. Du kannst dir sicherlich vorstellen, dass hier kaum natürliches Tageslicht einfällt, sodass der Raum ein wenig düster wirkt. Die Öffnungszeiten sind tageslichtabhängig.
Søndermarken, www.cisternerne.dk, Telefon 30738032, Öffnungszeiten Di–Mi & Fr–So 11–18, Do 11–20, Eintritt 125 Dkr, Bus 6a Zoologisk Have, S-Bahn Valby

⑰ Das Gebiet, in dem sich die **Carlsberg-Brauerei** seit mehr als 170 Jahren befindet, wird nun in ein neues, lebendiges Viertel im Zentrum Kopenhagens verwandelt. Das Stadtgebiet, Carlsberg Byen genannt, ist gerade im Aufbau, mit großen Wohnhäusern, Büros, Geschäften und Restaurants. Über einen Zeitraum von etwa 10 Jahren soll sich das alte, verlassene Fabrikgelände in einen belebten Hotspot verwandeln. Während wir darauf warten, dass das Carlsberg-Besucherzentrum vollständig renoviert wird, lohnt es sich, einen Spaziergang durch das Gebiet zu machen. Im Sommer finden regelmäßig Veranstaltungen statt.
elefantporten på carlsberg, www.visitcarlsberg.com, täglich geöffnet, Eintritt gratis, Bus 18, 16 Kammasvej (Pile Allé)

ESSEN & TRINKEN

② Bowls gibt es derzeit an jeder Ecke, man könnte fast meinen, sie seien zu hip, um gut zu sein. Bei **Bowl Market** wird jedes Frühstück in einer Schüssel serviert. Du kannst dir deinen eigenen *Grød* (Haferbrei) zusammenstellen oder

16

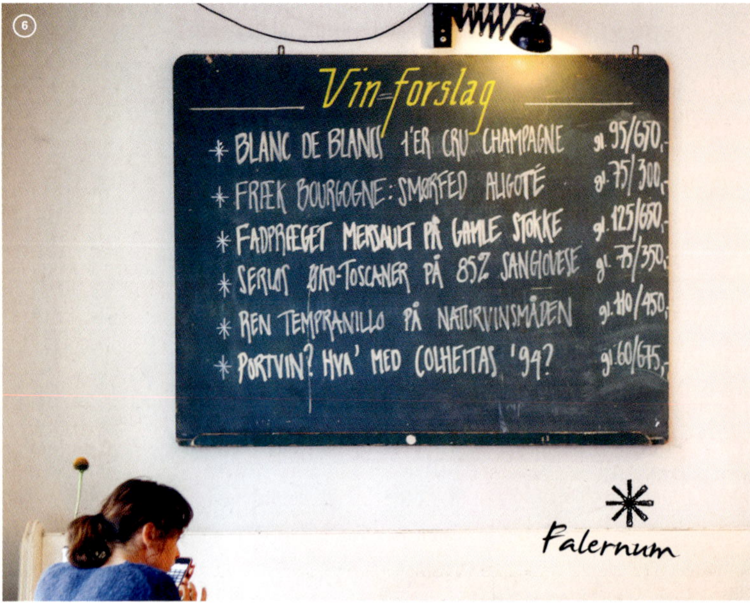

einen aus der Karte auswählen. Dazu gibt es Smoothie-Bowls und Acai-Bowls – und wenn du keine Lust auf Süßes hast, nimm das Risotto.
Gasværksvej 3, fb bowl market copenhagen, Telefon 24826090, Öffnungszeiten täglich 8:00–15:00, Preis Acai-Bowl 90 Dkr, Bus 6a, 9a, 26, 31 Vesterbro Torv, S-Bahn Vesterport

④ Im Restaurant **Spuntino** genießt du einen wunderbaren Abend voller italienischer Leckereien. Bei einem Sieben- oder Acht-Gänge-Menü bekommst du sechs verschiedene Antipasti und als Hauptgericht eine Pizza oder einen Secondo piatto. Alle Gerichte werden so serviert, dass du sie mit Freunden teilen kannst.
Vesterbrogade 68, cofoco.dk/en/restaurants/spuntino, Telefon 70205089, Öffnungszeiten täglich Mo–Do 17:00–0:00, Fr–So 12:00–16:30 & 17:00–0:00, Preis Menü 300 Dkr, Bus 6a, 9a, 31 Frederiksberg Allé, S-Bahn Vesterport

⑤ Die superelegante Cocktailbar **Duck and Cover** ist dein Ziel, wenn du einen der besten Cocktails probieren möchtest. Mit viel Holz, Leder und Retro-Gläsern wird sie dem dänischen Design aus der Mitte des letzten Jahrhunderts gerecht.

Jede Saison gibt es eine neue Speisekarte, um den klassischen Cocktails einen neuen Dreh zu geben.

Dannebrogsgade 6, www.duckandcoverbar.dk, Telefon 28124290, Öffnungszeiten Di–Mi 16:00–1:00, Do–Sa 16:00–2:00, So 18:00–0:00, Preis 120 Dkr, Bus 6a, 9a und 31 Frederiksberg Allé

⑥ Der **Værnedamsvej** ist Heimat vieler schöner Lokale, von denen wir hier nur einige Highlights nennen können. Bei Rist Kaffe bekommst du einen guten Kaffee, natürlich mit einer Zimtschnecke. Oder du kehrst für ein Essen bei Granola, Hanzo oder Les Trois Cochons und dann noch auf ein Glas Wein bei Falernum ein. Mit etwas Glück findet an einem sommerlichen Samstag gerade der gemütliche Markt statt. Dann haben die Geschäfte, Bars und Cafés Stände im Freien. Dazu gibt es einen Flohmarkt.

Værnedamsvej, værnedamsvej.dk, Bus 6a Frederiksberg Allé, 9a Værnedamsvej

⑩ Von 1905 bis zum Zweiten Weltkrieg wohnte in diesem niedlichen Gebäude ein Schuhmacher. Später hatte ein Goldschmied hier sein Geschäft und vor einigen Jahren ist das **Central Hotel & Café** eingezogen, ein (Mini-)Café im Stil des letzten Jahrhunderts. Es gibt gerade genug Platz für einen Tisch innen und außen. Über dem Café befindet sich das kleinste Hotel Kopenhagens.

Tullinsgade 1, www.centralhotelogcafe.dk, Telefon 33210095, Öffnungszeiten Mo–Fr 8:00–17:00, Sa–So 9:00–16:00, Preis Americano 30 Dkr, Bus 9a, 31 Værnedamsvej

⑪ Schlange stehen an der Straßenecke vor dem Bäcker. In den letzten Jahren ist eine Reihe von handwerklichen Bäckereien entstanden, in die man nicht nur am Samstagmorgen geht. **Hart Bageri** ist eine dieser Bäckereien. Im Jahr 2018 eröffnete der Londoner Richard Hart die Bäckerei in Zusammenarbeit mit – und auf Anraten – des Starkochs René Redzepi. Eigentlich war London oder Paris angedacht, aber Kopenhagen erwies sich als der perfekte Ort. Jetzt ist Hart ein echter Lokalmatador. Probiere das leckere Wurstbrötchen (pølsehorn) oder eines der köstlichen süßen Brötchen, und spaziere mit einem Kaffee zum Mitnehmen in Richtung Frederiksberghave.

gammel kongevej 109, www.hartbageri.com, Telefon 31111850, geöffnet Mo–Fr 7:30–18:00, So–Sa 7:30–17:00, Preis Gebäck und Brötchen ab 25 Dkr, Bus 9a Bülowsvej

⑫ **Ipsen & Co** ist einer dieser schönen Orte in Kopenhagen, an dem sich das ganze Viertel trifft. Die einen holen sich am Fenster nur einen Kaffee, andere verbringen hier Zeit bei einem Brunch. Alle aber genießen das heimelige und warme Gefühl, das einen schon an der Tür empfängt. „Qualität, Hygge und guter Geschmack", das ist hier das Motto.

Gammel Kongevej 108, www.ipsenogco.dk, Telefon 32145527, Öffnungszeiten täglich 8:00–18:00, Preis Americano 30 Dkr, Bus 9a Bülowsvej

⑬ Aus Hawaii haben die angesagten Poké Bowls inzwischen auch Kopenhagen erreicht. Ursprünglich bestand dieses traditionelle hawaiianische Fischgericht aus Reis mit kleinen Scheiben von frischem Fisch, etwa Thunfisch. Bei **Olioli** bekommst du die moderne Version mit Avocado, Edamame-Bohnen und einer köstlichen Sauce. Du kannst eine Bowl von der Speisekarte wählen oder selbst eine mit Fisch, Fleisch oder Tofu zusammenstellen. Außerdem gibt es hier leckere frische Säfte.

Gammel Kongevej 169, www.olioIipoke.dk, Telefon 33210121, Öffnungszeiten täglich 11:00–21:00, Preis kleine Bowl 95 Dkr, Bus 8a, 9a Frederiksberg Rådhus

⑭ **Wedo** ist der richtige Ort, wenn es mal schneller gehen soll, du aber trotzdem keine Kompromisse bei der Qualität machen willst. Du kannst dir selbst einen köstlichen Salat zusammenstellen oder einen aus dem vielfältigen Angebot an Kombinationen wählen. Die Lieblingssalate tragen ihre Namen zu Recht. Wer möchte, kann seinen Salat auch für ein entspanntes Picknick in den Frederiksberg Have mitnehmen.

Gammel Kongevej 176, www.wedogreens.com, Telefon 34121232, Öffnungszeiten täglich 10:00–21:00, Preis Salat ab 79 Dkr, Bus 8a, 9a Frederiksberg Rådhus

⑱ Carlsbergbyen ist „die Stadt" des Brauers Carlsberg, ein Viertel, das in naher Zukunft vollständig renoviert werden soll. Hier entstehen neue Gebäude, aber auch bestehende Teile der Carlsberg-Fabrik werden instand gesetzt. Vor Kurzem wurde dort in einem alten Fabrikgebäude das Hotel Ottilia im modernen skandinavischen Design eröffnet. Das italienische Restaurant **Tramonto** auf dem Dach bietet köstliches Essen und ein überwältigendes Panorama.

Pasteursvej 2, www.tramonto.dk, Telefon 33146655, Öffnungszeiten Mo–Fr 12:00–0:00, Sa–So 13:00–0:00, Preis ab 259 Dkr, S-Bahn Carlsberg

22

2

5

32

⑳ Am Ende der Istedgade befindet sich der Enghave Plads, ein Platz mit vielen netten Cafés. **Enghave Kaffe** ist eines davon und bei den Einheimischen sehr beliebt. In diesem Biker-Café herrscht eine entspannte Atmosphäre.
Enghave Plads 3, st, fb enghavekaffe, Telefon 23456789, Öffnungszeiten Mo–Fr 7:30–18:00, Sa–So 9:00–17.00, Preis für Americano 30 Dkr, Bus 10, 14 Flensborggade

㉒ Wörtlich übersetzte heißt **Dyrehaven** „Tiergarten". Aber abgesehen von den wenigen ausgestopften Hirschen ist es vor allem ein Ort, an dem das junge, hippe Kopenhagen auf unkomplizierte Art sein kann, wie es möchte. Ob du nun an deinem (Filter-)Kaffee nippst, ein klassisches dänisches Sandwich probierst oder ein Bier trinkst: An der Ecke des attraktiven Sønder Boulevards bist du immer in bester Gesellschaft.
Sønder Boulevard 72, www.dyrehavenkbh.dk, Öffnungszeiten Mo–Sa 9:00 bis spätestens 2:00, So 9:00 bis spätestens 0:00, Preis Sandwich ab 85 Dkr, Bus 10, 14 Flensborggade, 1a Knud Lavards Gade

㉔ Vom København H (Hauptbahnhof) bis zum Enghave Plads verläuft die **Istedgade**, eine der lebendigsten Straßen der Stadt. Hier findest du nette Orte zum Essen, z. B. **Neighbourhood**, **Sanchez**, **Jagger** und **Sticks 'n Sushi**. Zudem gibt es hier eine ganze Reihe verschiedener Klamotten- und Designgeschäfte. Je näher man dem Hauptbahnhof kommt, desto mehr ist diese Straße Heimat der Obdachlosen und der Straßenprostitution.
Istedgade, S-Bahn Københavns Hovedbanegård, Bus 10, 14 Saxogade & Flensborggade

㉕ Im Café **Bang & Jensen** sind die Tische von morgens früh bis abends spät gefüllt. Hier bekommst du ein köstliches Frühstück, samstagsabends aber auch einen erschwinglichen Cocktail. Im Sommer gibt es draußen einige Tische und man kann die gemütliche Atmosphäre genießen. Das imposante Gebäude war früher eine Apotheke.
Istedgade 130, www.bangogjensen.dk, Telefon 33255318, Öffnungszeiten Mo–Di 7:30–0:00, Mi–Fr 7:30–2:00, Sa 10:00–2:00, So 10:00–0:00, Preis Sandwich 85 Dkr, Bier 31 Dkr, Bus 10, 14 Saxogade

(28) Hier im Norden ist es vielleicht nicht das Erste, woran man denkt, aber bei **Siciliansk Is** bekommt man das leckerste sizilianische Eis Nordeuropas. Alle Zutaten kommen direkt aus Sizilien ... das schmeckt man!

Skydebanegade 3, www.sicilianskis.dk, Telefon 30223089, Öffnungszeiten Sept. & April täglich 13:00–18:00, Mai–Aug. täglich 12:00–21:00, Preis Eiskugel 30 Dkr, Bus 10, 14 Saxogade & Gasværksvej

(29) **Falang Asiateria** wurde von Simon & Simon gegründet, die zusammen auch die beliebtesten Clubs der Stadt betreiben. Hier gibt es hervorragendes thailändisches Essen, allerdings keine authentische Küche. Vielmehr werden hier thailändische Gerichte „mit Pfiff" serviert. In diesem Restaurant ist alles farbenfroh, von der bonbonrosafarbenen Fassade über die Deko bis hin zu den Gerichten. Genieße hier einen gemütlichen Abend, gutes Essen und ein Glas Naturwein. Hattest du schon genug Wein? Dann bist du bereit zum Karaoke!

Istedgade 48, www.falangcph.dk, Telefon 33213322, Öffnungszeiten Di–Mi 17:00–0:00, Do 17:00–1:00, Fr–Sa 17:00–2:00, Preis 75–155 Dkr, Bus 10, 14 Gasværksvej

(30) **Kødbyen** ist Kopenhagens Meatpacking District. Während sich in New York und London der Name nur auf die in der Vergangenheit geleistete Arbeit bezieht, sieht man in Kopenhagen immer noch die Männer in ihren weißen Kitteln. Inzwischen wurde Kødbyen zum Kulturerbe ernannt. Galerien und Cafés ergänzen sich tagsüber gut mit den Fleischverarbeitungsbetrieben und Großhändlern. Am Abend übernehmen zahlreiche Restaurants und Partylokale wie **Gorilla**, **Fiskebar**, **Warpigs**, **Noho** und **Magasasa** die Bühne.

Flæsketorvet & Umgebung, kodbyen.kk.dk, S-Bahn Dybbølsbro & Københavns Hovedbanegård

(32) Das Café **H15** passt mit seiner rauen Atmosphäre genau ins Bild von Kødbyen. Wähle einige kleine Gerichte aus der Speisekarte und teile diese dann mit deinen Tischnachbarn. Es erwarten dich besondere Geschmackskombinationen wie Kalbszunge mit Apfel und Meerrettich oder Räucherlachs mit Trauben, Rüben und Zitronencreme. Zudem finden hier regelmäßig Konzerte statt.

Halmtorvet 15, www.h15.dk, Telefon 26136846, Öffnungszeiten So–Do 10:00–0:00, Fr–Sa 10:00–2:00, Preis 75–140 Dkr, S-Bahn Dybbølsbro & Københavns Hovedbanegård

29

33

33

32

35
MOSAIC

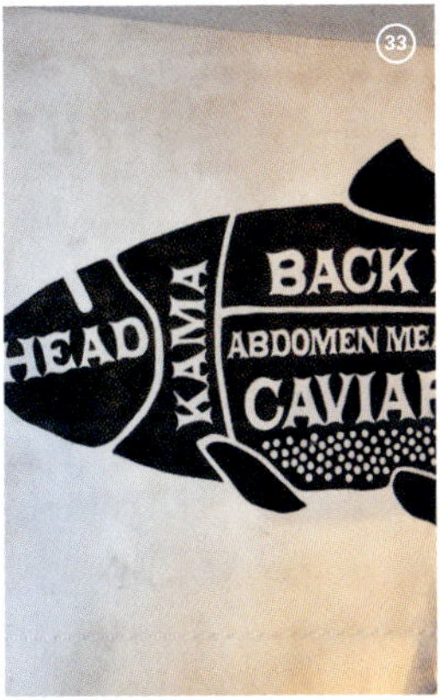
33
HEAD
KAMA
BACK

(33) Nachdem das Seafood von **Hooked** 2018 zum „besten Streetfood Kopenhagens" gekürt wurde, ist das Fischgeschäft heute stadtbekannt. Für zwei Freunde begann alles mit einem Foodtruck, mittlerweile haben sie einen zweiten festen Standort in Vesterbro eröffnet, gleich um die Ecke von Kødbyen.
Halmtorvet 34, www.gethooked.dk, Telefon 30708923, Öffnungszeiten täglich 12:00–22:00, Preis Fish & Chips 110 Dkr, S-Bahn Dybbølsbro & Københavns Hovedbanegård

(34) **Cofoco** ist das erste Restaurant der in Kopenhagen berühmten Cofoco-Gruppe. Die Restaurants haben alle eine unterschiedliche Küche, aber du kannst sicher sein, nur bestes Essen zu bekommen. Die Kette ist auch für ihre stilvolle Ausstattung bekannt. 2013 gewann das Restaurant **Høst** einen internationalen Preis für das beste Restaurant- und Bardesign, 2015 wurde das **Llama** mit dem Internationalen Designpreis ausgezeichnet. Cofoco kombiniert mediterrane Küche mit dänischen Produkten, was zu großartigen Ergebnissen führt.
Abel Cathrines Gade 7, www.cofoco.dk, Telefon 33136060, Öffnungszeiten Mo–Sa 17:30–0:00, Preis Vier-Gänge-Menü 300 Dkr, Bus 6a, 26 Vesterbros Torv

(35) **Mikkeller** wurde von zwei Hausbrauereien gegründet, die sich innerhalb weniger Jahre international einen Namen machen konnten. Heute gibt es sie in mehreren Ländern mit ausgewählt komponiertem Bier. In der angesagten Bar in Vesterbro kannst du bis zu 20 Sorten probieren. In der Viktoriagade 6 liegt **Øl & Brød** von Mikkeller, wo man das traditionelle *Smørrebrød* probieren kann.
Viktoriagade 8, www.mikkeller.dk, Telefon 33310415, Öffnungszeiten So–Mi 13:00–1:00, Do–Fr 13:00–2:00, Sa 12:00–2:00, Preis Bier ab 45 Dkr, Bus 6a, 26 Vesterbros Torv

(36) Humberto Marques hat bereits mehrere Preise für seine Barkeeper-Fähigkeiten gewinnen können. Nun hat er seine eigene Cocktailbar **Curfew** eröffnet. Hier kannst du einen absoluten Top-Cocktail erwarten. Die Einrichtung ist geschmackvoll im Retrodesign. An der Bar siehst du traditionelle portugiesische blau-weiße Fliesen mit roten, gusseisernen Bar- und violetten Samthockern.
Stenosgade 1, www.curfew.dk, Telefon 29299276, Öffnungszeiten Di–Do 18:00–2:00, Fr 17:00–3:00, Sa 18:00–3:00, Preis Cocktail 140 Dkr, Bus 9a Det Ny Teater, S-Bahn Vesterport

SHOPPEN

(7) Inneneinrichtung und Design genießen in Dänemark einen hohen Stellenwert – besonders in Kopenhagen findet man in vielen Geschäften stilvolle Designs. Eines dieser Geschäfte ist **Shop Dora**. Die Boutique ist voller schöner Dinge für dein Zuhause. Dora wird seit mehreren Jahren regelmäßig für die Auszeichnung „Beste Design-Boutique in Kopenhagen" nominiert.
Værnedamsvej 6, www.shopdora.dk, Telefon 93927220, Öffnungszeiten Mo–Fr 10:00–18:00, Sa 10:00–17:00, So 12:00–16:00, Bus 9a, 31 Værnedamsvej, 6a Frederiksberg Allé

(8) **Mads Nørgaard** ist in der dänischen Modewelt ein bekannter Name. Die Marke produziert klassische Artikel, die man bei jeder Jahreszeit aus dem Schrank holen kann. Das Geschäft ist der erste Flagshipstore der Marke.
Tullinsgade 21, www.madsnorgaard.dk, Telefon 33312986, Öffnungszeiten Di–Fr 11:00–17:30, Sa 10:00–15:00, Bus 9a, 31, 71 Værnedamsvej

⑨ Der **Can Store** ist eine Mischung aus Boutique und Galerie. Hier werden abstrakte moderne Kunst, Illustrationen, Keramik, Kleidung und LPs verkauft. Das Familienunternehmen wird von Martin und Stine und ihren Töchtern Ida und Sofia sowie „der magischen Katze" geführt. Die Familie und die magische Katze sind das Hauptthema der Illustrationen mit fröhlichen Farben.

Tullinsgade 5, www.yeswecancan.com, Telefon 31796347, Öffnungszeiten Mi–Fr 12:00–17:30, Sa 11:00–15:00, Bus 9a, 31 Værnedamsvej

㉖ Alles begann mit dem Verkauf von Herrenjeans. Heute ist **Kyoto** ein Bekleidungsgeschäft für Frauen und Männer, das hauptsächlich exklusive Marken mit Freizeit(sport)kleidung und Sneaker verkauft. Hier findest du dänische Marken wie Libertine-Libertine, Wood Wood, Selected und Norse Projects. Wenn du Sneaker liebst, kannst du hier nach limitierten Editionen und solchen suchen, die in Zusammenarbeit mit bekannten Designern entstanden sind.

Istedgade 95, www.kyoto.dk, Telefon 33316636, Öffnungszeiten Mo–Do 11:00–18:00, Fr 11:00–19:00, Sa 10:00–17:00, Bus 10, 14 Saxogade

㉗ Das vielleicht schönste Geschäft für Kinder ist **Heidi & Bjarne**. Das Sortiment umfasst die süßeste, lustigste und schönste Kinderbekleidung, die du je gesehen hast, sowie Accessoires und reicht von recycelten Artikeln bis zu brandneuen Designs, von Stofftieren bis zu Plakaten.

Istedgade 85, fb heidi & bjarne – local & social shopping, Telefon 33311245, Öffnungszeiten Mo–Fr 10:30–17:30, Sa 11:00–15:00, Bus 10, 14 Saxogade

FREIZEITTIPPS

① Das **Tycho Brahe Planetarium** bietet Spaß und Bildung für die ganze Familie. Hier werden 3-D-Filme gezeigt und du kannst dich über Planeten, Raumfahrt und vieles mehr informieren. Die meisten Filme handeln von der Natur, von Dinosauriern oder dem Universum, es werden aber auch Blockbuster und andere Kinofilme gezeigt. Jeder Film beginnt mit einer Reise in den Weltraum und einem Blick in den aktuellen Sternenhimmel. Die Filme sind auf Dänisch, für 20 Dkr gibt es Kopfhörer mit Übersetzung.

World Views

Gammel Kongevej 10, www.planetariet.dk, Telefon 33121224, Öffnungszeiten Mo 12:00–18:30, Di–Mi 9:30–20:00, Do 9:30–21:00, Fr 9:30–21:45, Sa 9:30–20:45, So 9:30–19:15, Eintritt 160 Dkr, Bus 9a Det Ny Teater, S-Bahn Vesterport

⑮ **Frederiksberg Have** ist schon seit mehr als 300 Jahren eine grüne Oase in Kopenhagen. Es ist ein wunderbarer Park für die ganze Familie. Er hat sehr schöne Wanderwege, eine Wiese für ein gemütliches Picknick, Bäume, die Schatten spenden, und einen See für eine Fahrt mit dem Ruderboot. Auf der Kuppe befinden sich das Frederiksberg Slot (Schloss Frederiksberg) und der København Zoo. Von hier oben hast du eine fantastische Aussicht über den Park und die Stadt – und du kannst auch einen Blick auf die Elefanten werfen, die man vom Park aus sehen kann.
Frederiksberg Runddel 3e, Telefon 38872481, Öffnungszeiten täglich 7:00 bis Sonnenuntergang, Bus 8a, 26 Frederiksberg Runddel

⑲ **Vega Musikkens Hus** ist eine beliebte Konzertlocation, die schon viele berühmte, auch internationale Gäste begrüßen konnte. Es lohnt sich auf jeden Fall, einen Blick ins Programm zu werfen, bevor du das Viertel besuchst. Jede Woche gibt es mindestens drei Konzerte, von Elektro bis Indie.

Enghavevej 40, www.vega.dk, Telefon 33257011, Öffnungszeiten und Preise siehe Webseite, Bus 3a, 10 Enghave Plads, S-Bahn Carlsberg

㉓ Einer der ausgefallensten Orte in der Stadt ist das **Folkehuset Absalon**, ein Stadtteilzentrum in einer ehemaligen Kirche. Unter den etwa 60 Aktivitäten, die hier jede Woche stattfinden, ist mit Sicherheit auch etwas Passendes für dich dabei. Du kannst zum Beispiel am *Fællesspisning*, dem täglichen Abendessen, teilnehmen, bei dem alle Gäste an großen, langen Tischen zusammenkommen. Oder du kommst an einem Samstagabend zum Pop-Bingo. Schau einfach auf der Webseite nach dem Veranstaltungprogramm und weiteren (Ticket-)Informationen.

Sønder Boulevard 73, www.absaloncph.dk, Öffnungszeiten So–Do 7:00–0:00, Fr–Sa 7:00–2:00, Preis Abendessen 55 Dkr (vorher online reservieren), Bus 1a Knud Lavards Gade, S-Bahn Dybbølsbro

㉛ Mitten in Kødbyen findest du die **V1 Gallery**, in der du dir Werke aufstrebender, aber auch bereits etablierter Künstler ansehen kannst. Ziel der Galerie ist es, ein internationales Publikum an Kunst in allen möglichen Formen und Disziplinen heranzuführen. Bei V1 wird Kunst als das ultimative Medium gesehen, um zu sozialen und politischen Themen ins Gespräch zu kommen. Kunst und ihre Umgebung sind untrennbar miteinander verbunden – die Galerie bietet dafür eine Plattform.

Flæsketorvet 69, www.v1gallery.com, Telefon 33310321, Öffnungszeiten Mi–Fr 12:00–18:00, Sa 12:00–16:00, Eintritt gratis, S-Bahn Dybbølsbro

ROUTE 6

MALMÖ

INFOS ZUR ROUTE

Diese Route ist abwechslungsreich und lang. Wer wenig Zeit hat oder gerne shoppt, beginnt am besten am Malmö Centralstation (Hauptbahnhof) und besucht das Zentrum. Wer das andere Malmö sehen möchte, sollte Västra Hamnen mit großartiger Aussicht auf die **Øresundbrug** (Öresundbrücke) und die Skyline von Kopenhagen sowie Möllevången mit dem **Folkets Park** erkunden.

DIE STADTTEILE

Von Kopenhagen aus kannst du problemlos einen Tagesausflug in die schwedische Stadt Malmö auf der anderen Seite des Öresunds unternehmen. Der Zug bringt dich in 45 Minuten zum Bahnhof Triangeln oder zum Hauptbahnhof und damit ins Herz des gemütlichen Zentrums mit seinen Geschäften und Cafés.

Auch wenn Dänemark und Schweden heute eine enge Freundschaft pflegen, haben sie in der Vergangenheit viele Kriege gegeneinander geführt. Malmö fiel dabei abwechselnd an die Dänen und die Schweden. Die Stadt entwickelte sich vom kleinen Dorf zu einer befestigten Stadt, die im gewalttätigen Mittelalter eine wichtige Rolle spielte. Stadtviertel wie **Gamla Väster** (Alter Westen), Gebäude wie das **Malmöhus** und Plätze wie **Lilla Torg** erinnern noch heute daran.

Seit die imposante Øresundbrug Schweden mit Dänemark verbindet, haben sich viele Kopenhagener in Malmö niedergelassen. So sind immer wieder neue Stadtteile entstanden, zum Beispiel das ökologische, ultramoderne Design-Viertel **Västra Hamnen**, wunderschön am Wasser gelegen. Ein architektonischer und buchstäblicher Höhepunkt ist dort der **Turning Torso** – das höchste Gebäude in ganz Skandinavien.

Malmö ist eine multikulturelle Stadt mit über 165 verschiedenen Nationalitäten, zu erleben u. a. im Bezirk **Möllevången**, wo du exotische Lebensmittel aus al-

len Teilen der Welt bekommst. Diese
und kreativen Menschen sehr beliebt

In der insgesamt sehr grünen Stadt
Kungsparken und **Slottsparken** kan
sonderen Bäumen und auf vielen Wa
Park ist vor allem im Sommer ideal f

WENIG ZEIT? DAS SIND DIE HI
Folkets Park + Västra Hamnen + Tu
Slottsträdgårdens Kafé + Form/De

Relax i

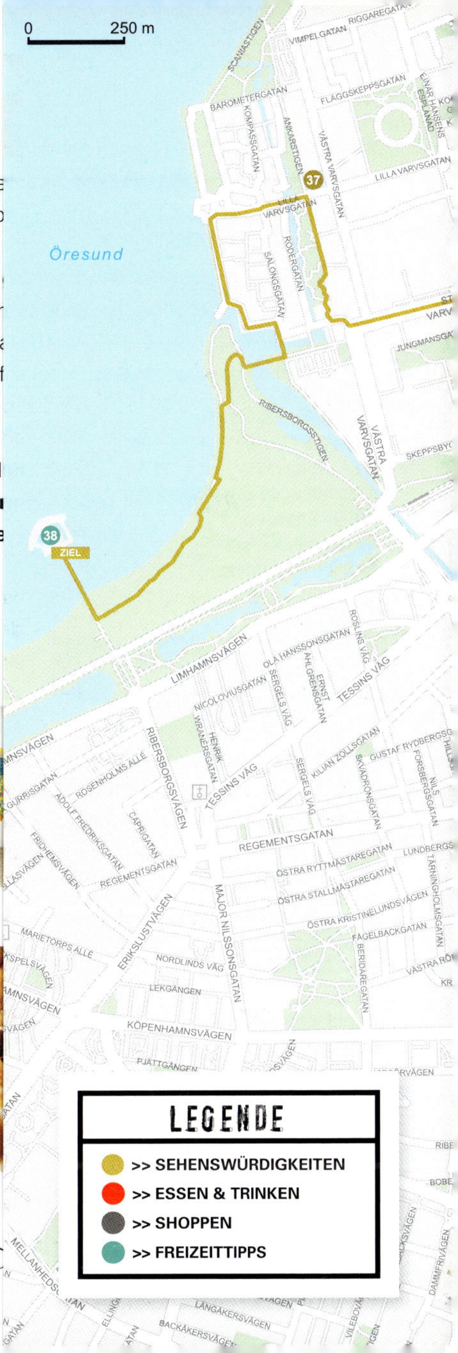

ROUTE 6
START
MALMÖ
Region Skåne
Malmö centralstation
Östra hamnkanalen
Västra hamnkanalen
Rådhuset
Hippodromen
Stortorget
Palladium
Malmöhus slott
Slottsträdgården
Slottsmöllan
Parkkanalen
Kungsparken
Slottsparken
Södra förstadskanalen
Rörsjökanalen
Victoria
Malmö Kommunhus
Stadshuset
Malmö Opera och Musikteater
Station Triangeln
Pildammsteatern
Malmö Stadion
Grimsbygatan
Hullkajen
Stora Varvsgatan
Stora Hans Michelsensgatan
Jörgen Kocksgatan
Carlsgatan
Neptunigatan
Norra Vallgatan
Citadellsvägen
Västergatan
Östergatan
Adelgatan
Kalendegatan
Baltzarsgatan
Stora Nygatan
Lilla Nygatan
Södra Vallgatan
Regementsgatan
Kung Oscars väg
Slottsgatan
Grynbodgatan
Per Weijersgatan
Storgatan
Fersens väg
Jörgen Ankersgatan
Södra Förstadsgatan
Östra Rönneholmsvägen
Carl Gustavs väg
Föreningsgatan
Drottninggatan
Friisgatan
Bergsgatan
Möllevångsgatan
Smedjegatan
Ystadsgatan
Pildammsvägen
John Ericssons väg
Amiralsgatan
Norra Parkgatan
Helsingborgsgatan

BESCHREIBUNG ROUTE 6 (ca. 19,2 km)

Steige in Kopenhagen in den Zug und fahre bis zum Bahnhof Malmö Triangeln. Verlasse ihn nach links über die Rådmansgatan, folge ihr, überquere sie und spaziere durch den Park ①. Gehe zurück zur Straße und die Smedjegatan hinunter, über den Markt auf dem Möllevångstorget und biege scharf links ab. Hier kannst du am Abend etwas trinken gehen ②. Jetzt tut vielleicht eine heiße Schokolade gut ③. Auf der Bergsgatan findest du ein tolles Thai-Restaurant ④. Biege nach rechts in die Frissgatan und laufe bis zum Folkets Park ⑤, um in einem Café in der Sonne zu entspannen ⑥, dann über die Monbijougatan zurück für deinen Brunch ⑦. Gehe weiter, biege links und gleich wieder rechts ab und folge der Straße zum Bahnhof. Hier ist die Kunsthalle ⑧. Gehe nach links und die zweite Straße wieder nach links für ein leckeres Sandwich ⑨, dann zweimal nach rechts für einen Avocado-Salat ⑩ oder wieder nach rechts für ein veganes Essen ⑪. Danach links, und du findest zwei Lifestyle-Stores ⑫ ⑬ und ein Theater ⑭ An der Ecke gibt es schickes Design ⑮. Biege nach links ab zum schönen Viertel Davidshall, überquere den Platz nach links und biege dann rechts ab für ein schönes Dinner-Restaurant ⑯. Gleich rechts und wieder links gibt es ein Gourmet-Restaurant und eine Gastro-Bar ⑰ ⑱. Gehe rechts in die Regementsgatan und über die Brücke zu einem Tretboot- oder GoBoat-Verleih ⑲ um Malmö aus anderer Perspektive zu erkunden. Spaziere durch die Altstadt bis zu einer kleinen Kaffeerösterei links ⑳. Zeit für eine *Fika*! Weiter nach rechts kommst du zu einem Geschäft mit bezahlbaren Einrichtungsaccessoires ㉑. Überquere den Platz, biege rechts, dann links ab zur Kirche mit der modernsten Orgel der Welt ㉒. Weiter nach rechts kannst du Boule spielen ㉓. Folge dem Ufer in Richtung des großen Platzes ㉔, überquere den Marktplatz Lilla Torg ㉕ und sieh dir im Garten ㉖ moderne Kunst an. Auf der Mäster Johansgatan ㉗ und Engelbreksgatan ㉘ findest du viele Restaurants für den Abend. Shoppen kannst du auf der Per Weijersgatan ㉙ ㉚, weitere Lokale gibt es auf der Tegelgårdsgatan ㉛ ㉜. Folge ihr in Richtung Park ㉝, besuche eines der Museen und unbedingt auch den Fischmarkt ㉞. Über die Brücke an der Gibraltargatan erreichst du die schöne Markthalle ㉟. Für eine Mahlzeit in rauer Hafenatmosphäre ㊱ folge dem Weg hinaus zum Hamnparken. Steige in den Bus und fahre zum höchsten (Wohn-) Turm Nordeuropas ㊲. Nach Bad- und Saunabesuch ㊳ genießt du die tolle Aussicht auf Kopenhagen.

SEHENSWÜRDIGKEITEN

① Die Seen im **Pildammsparken** bildeten früher das Wasserreservoir für die Einwohner Malmös. Heute dient der Park der Erholung und ist einer der kulturellen Höhepunkte der Stadt. Es gibt hier ein Amphitheater für Konzerte und einen alten Wasserturm, in dem regelmäßig Kunstausstellungen stattfinden. Außerdem befindet sich hier das Spitzenrestaurant **Bloom in the Park** mit Blick auf das Wasser.
Pildammsparken, www.bloominthepark.se, Eintritt gratis, zu Fuß erreichbar ab Station Triangeln

⑧ Die **Malmö Konsthall** wurde 1975 nach einem Entwurf von Klas Anshelm gebaut und ist eine der größten Ausstellungshallen für zeitgenössische Kunst in Europa. Die Ausstellungen, in denen moderne und klassische Kunst sowie Exponate gezeigt werden, haben in der Regel einen internationalen Schwerpunkt.
Johannesgatan 7, www.konsthall.malmo.se, Telefon 40341286, Öffnungszeiten Mo–Di & Do–So 11:00–17:00, Mi 11:00–21:00, Eintritt gratis, Bahn Station Triangeln

㉒ Die **Sankt Petri Kyrka** ist die Kathedrale von Malmö. Auch wenn es keine schriftlichen Nachweise gibt, ist davon auszugehen, dass sie auf das Jahr 1319 zurückgeht. 2019 wurde das 700-jährige Jubiläum gefeiert und in diesem Rahmen u. a. eine neue, hochmoderne Orgel (einschließlich Touchscreens!) eingeweiht, die Sankt Petri zur stolzen Besitzerin der modernsten Orgel der Welt macht. Die alte Orgel, eine der ältesten und größten noch funktionstüchtigen Orgeln der Welt, hat ihren neuen Platz im Malmö Konstmuseum gefunden.
Göran Olsgatan 1, www.svenskakyrkanmalmo.se/st-petri-kyrka, Telefon 40279056, Öffnungszeiten täglich 10:00–18:00, Eintritt gratis, Bus & Bahn Centralstation

㉔ Der Platz **Stortorget** war bereits im 16. Jahrhundert das Zentrum der Stadt. Hier stehen einige besondere Gebäude, zum Beispiel das im niederländischen Renaissancestil erbaute Rådhuset (Rathaus). Vom ursprünglichen Gebäude ist heute nur der Keller erhalten, der damals als Gefängnis und später als Gasthaus diente. Im 19. Jahrhundert wurde das Rådhuset komplett renoviert, das Gasthaus existiert aber auch heute noch und ist eine beliebte Bar in Malmö.
Stortorget, Bus & Bahn Centralstation

Traditional
Fiskehoddorna

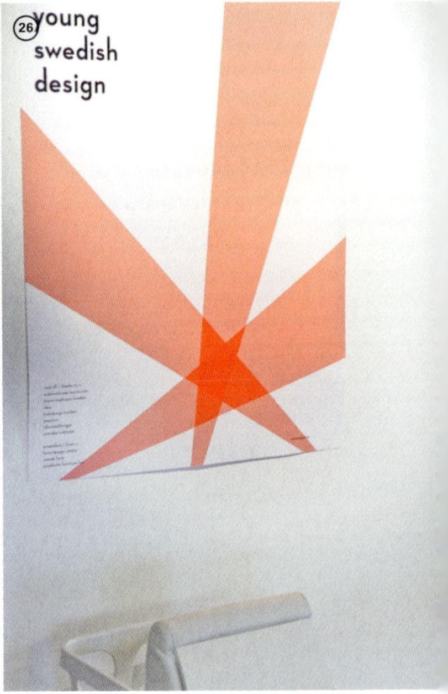
26
young
swedish
design

㉕ Nicht weit von der Haupteinkaufsstraße entfernt befindet sich der mittelalterliche **Lilla Torg** (kleiner Platz). Er wird von einigen der ältesten Gebäude Malmös gesäumt. Lilla Torg wurde um das Jahr 1592 als Marktplatz angelegt. Rund um den Platz gibt es viele Cafés und Restaurants, und ab den ersten Sonnenstrahlen im Frühling ist der Platz mit Tischen und Stühlen übersät. Im Winter gibt es hier eine Eislaufbahn.

Lilla Torg, Bus & Bahn Centralstation

㉖ In einem romantischen mittelalterlichen Innenhof befindet sich das **Form/Design Center**. Hier erfährst du in den etwa 20 wechselnden Ausstellungen alles über die neuesten Entwicklungen des skandinavischen Designs. Daneben gibt es eine Dauerausstellung, in der die bekanntesten und erfolgreichsten schwedischen Möbel und Textilien, Leuchten und Kunst präsentiert werden.

Lilla Torg 9, www.formdesigncenter.com, Telefon 406645150, Öffnungszeiten Di–Sa 11:00–17:00, So 12:00–16:00, Eintritt gratis, Bus & Bahn Centralstation

㉞ Die **Malmö Museer** sind ein Zusammenschluss mehrerer Museen. Das Malmöhus Slott (Schloss Malmöhus) ist das älteste erhaltene Renaissanceschloss in Skandinavien. Es wurde im 16. Jahrhundert als befestigtes Königshaus erbaut und diente im 18. und 19. Jahrhundert als Gefängnis. Heute beherbergt es drei Museen. Weitere Museen, die zu diesem Zusammenschluss gehören, sind das Teknikens och Sjöfartens Hus (Technik- und Seefahrtmuseum), das Kommendanthuset (Zeughaus), das Malmö Konstmuseum und die schönen **Fiskehoddorna**, der Fischmarkt, wo heute immer noch von Dienstag bis Samstag am Morgen Fisch verkauft wird.

Malmöhusvägen, www.malmo.se/museer, Telefon 40344400, Öffnungszeiten täglich 10:00–17:00 (Malmöhus Slott), Eintritt 40 Skr, Bus 3, 7, 8 Tekniska Museet

㊲ Der 2005 erbaute **Turning Torso** liegt im umweltfreundlichen Stadtteil Västra Hamnen. Das Gebäude wurde vom spanischen Architekten Santiago Calatrava entworfen und dient als Wohngebäude, mit insgesamt 54 Stockwerken das höchste Skandinaviens. Es zeichnet sich durch sein besonderes Design mit einer 90-Grad-Drehung aus und ragt weit über die Skyline von Malmö hinaus.

Lilla Varvsgatan 14, www.visitskane.com/classic-attractions/turning-torso, Bus 2, 84 Turning Torso

ESSEN & TRINKEN

② Das **Belle** ist eine angesagte, stilvolle Cocktailbar. Die Spezialität des Hauses sind Flammkuchen. Hier finden regelmäßig Konzerte statt und an den Wochenenden legen DJs auf. Das Programm findest du auf der Webseite.
Södra Skolgatan 43, www.belle-epoque.se, Telefon 40973990, Öffnungszeiten Mo–Di 16:00–0:00, Mi–Sa 16:00–1:00, So 16:00–23:00, Preis Cocktail 130 Skr, Tarte Flambée 100 Dkr, Bus 34, Möllevångstorget

④ In einer alten Schokoladenfabrik ist **Soi 29** beheimatet, einer der Lieblingsplätze der Bewohner Malmös. Inspiriert von thailändischem Streetfood, kannst du hier köstliche, an den westlichen Gaumen angepasste Thai-Gerichte genießen und danach deinen Durst mit einem erfrischenden Cocktail stillen.
Bergsgatan 29, www.soi29thaikitchen.com, Telefon 40292944, Öffnungszeiten Mi–Do 18:00–22:00, Fr–Sa 18:00–0:00, Preis 165 Skr, Bahn Station Trianglen, Bus 34 Barkgatan

⑥ **Far i Hatten** („Vater mit dem Hut") wurde bereits 1892 eröffnet und ist das älteste Gebäude in Folkets Parks; ein gemütlicher Ort, um mit Freunden Kaffee oder Wein zu trinken. Die Bar bietet Importbier und Bioweine an. Es gibt eine attraktive Außenterrasse, auf der du saisonale Gerichte oder am „Pizza-Sonntag" eine Pizza bestellen kannst, und im Sommer Livemusik und Grillpartys.
Folkets Park, www.farihatten.se, Telefon 406153651, Öffnungszeiten Mi–Fr 17:00–0:00, Sa 11:00–2:00, So 11:00–22:00, Preis Pizza 125–220 Skr, Bus 32 Karlskronaplan

⑦ Die Restaurantbar **Grand Malmö** erwartet dich mit einer Retro-Einrichtung vom Brunch bis zum späten Abendcocktail. Hier finden oft Konzerte und Clubnächte statt. Die Küche bietet eine asiatisch inspiriertes Speisekarte mit modernen skandinavischen Einflüssen, hauptsächlich aus biologischen Zutaten.
Monbijougatan 17, www.grandolomat.se, Telefon 40126313, Öffnungszeiten Di 11:30–0:00, Mi–Do 11:30–1:00, Fr 11:30–3:00, Sa 17:00–3:00, So 11:00–15:00, Preis Ramen 160 Skr, Bus Spångatan

⑨ Lang lebe das Brot! Das ist der Slogan der **Bageri Leve**. Alle Brote werden aus Sauerteig im Steinofen gebacken. Und es gibt zahlreiche süße Teilchen.

Östra Rönneholmsvägen 6, www.bagerileve.se, Telefon 40979331, Öffnungszeiten Di–Fr 11:00–18:00, Sa 9:00–16:00, Preis Teilchen 35 Skr, Bus Malmö Opera, Bahn Station Triangeln

⑩ Mitten in Davidshall im Zentrum von Malmö liegt das beliebte **A-vo-ka-do**. Du ahnst es sicher schon: Die Avocado steht hier im Mittelpunkt der Menüs. Alle Gerichte sind vegan, es gibt aber auch Toppings mit Garnelen und Truthahn. Holmgatan 4, www.avokadomalmo.se, Telefon 790694630, Öffnungszeiten Mo–Sa 10:30–15:00, So 11:00–14:00, Preis Salat 110 Skr, Bus 1, 141 Malmö Opera

⑪ Das Konzept von **Lotta Love Superfoodbar** ist einfach: gesund & lecker, aber immer mit Rücksicht auf einen gesunden Planeten. Daher werden vor allem regionale und Bioprodukte für leckere Bowls, Smoothies u. a. verwendet. Davidshallgatan 25, fb lottalovelifestyle, Telefon 766026424, Öffnungszeiten Mo–Fr 9:00–18:00, Sa 10:00–16:00, Preis Bowl 85 Skr, Bus Malmö Opera, Bahn Station Triangeln

10
For all things avocado

10

32

⑯ Ein saisonales Menü mit acht sorgfältig komponierten Gerichten und einer Auswahl guter Naturweine: Das findest du bei **Riket**. Hier wird mehr Wert auf gutes Essen als auf weiße Tischdecken gelegt, deshalb ist es hier so entspannt.
Erik Dahlbergsgatan 5, www.riket.net, Telefon 766353611, Öffnungszeiten Di–Sa 17:00–Open End, Preis ab 120 Skr, Bus 1, 2, 7, 8, 35, 54 Davidshall

⑰ **Atmosfär** ist ein Gourmetrestaurant, das schwedische und internationale Gerichte serviert. Das moderne Interieur strahlt mindestens genauso viel Wärme und Herzlichkeit aus wie das Personal. Die wunderbar zubereiteten Gerichte kannst du entweder à la carte oder als sorgfältig zusammengestelltes mehrgängiges Abendessen bestellen oder du nimmst einfach nur einen Cocktail an der Bar.
Fersens Väg 4, www.atmosfar.com, Telefon 40125077, Öffnungszeiten Mo–Fr 12:00–Open End, Sa 13:00–Open End, So 15:00–Open End,Preis ab 160 Skr, Bus 1, 4, 84, 141 Stadsbiblioteket

⑱ Das **Escama** ist eine sogenannte „Gastro-Bar“,eine Mischung aus Restaurant und Bar. Hier bekommst du spanische Tapas-Gerichte, die du an der Bar bestellst. Es geht immer gemütlich zu, auch dank der Mitarbeiter, die ihre ganze Liebe und Leidenschaft für gutes Essen ausleben.
Fersensväg 4, www.escama.se, Telefon 40172020, ÖffnungszeitenMo–Fr 12:00–Open End, Sa–So 13:00–Open End, Preis Gerichte120 Skr, Bus 1, 4, 14 Stadsbiblioteket

⑳ **Lilla Kafferosteriet**, „der kleine Kaffeeröster“, ist eines der beliebtesten Cafés Malmös. Eine gute Adresse für eine schwedische *Fika*, die traditionelle Kaffeepause mit einer süßen Leckerei. Die Mitarbeiter, wahre Kaffeeexperten, rösten ihren Kaffee vor Ort – die beste Garantie für frischen Spitzenkaffee.
Baltzarsgatan 24, www.lillakafferosteriet.se, Telefon 40482000, Öffnungszeiten Mo–Fr 8:00–18:00, Sa–So 10:00–18:00, Preis Americano 29 Skr, Bus & Bahn Centralstation, Bus Djäknegatan

㉗ Restaurant, Café und Feinkostladen in einem: **Ruths** ist ein neuer Hotspot, der im März 2021 eröffnete. Die Besitzer sind keine Unbekannten, denn sie haben jahrelang am selben Ort ein Café namens Bastard betrieben. Aber es war Zeit für etwas Neues. Jetzt kannst du von frühmorgens bis spätabends zu Ruths gehen. Die Speisekarte bietet spannende Gerichte, die du gerne probieren möchtest.

Mäster Johansgatan 11, www.ruthsmalmo.se, Telefon 40121318, Öffnungszeiten Mo–Fr 7:00–Open End, Preis 150 Skr, Bus & Bahn Centralstation

㉘ Im gemütlichen Café **Eida**, das von Nina eröffnet und geführt wird, wird alles frisch zubereitet – und das kannst du wahrlich schmecken! Der Karottenkuchen ist ein Genuss, aber eigentlich ist alles auf der Speisekarte einen Versuch wert. Für viele Locals ist dieses Café ihr Lieblingsort.

Engelbrektsgatan 7, fb eidabynina, Telefon 762174512, Öffnungszeiten Mo–Fr 8:00–18:00, Sa 9:00–18:00, So 9:30–17:00, Preis Brunch 145 Skr, Bus & Bahn Centralstation

㉛ Das **Vollmers** ist eines von nur fünf Restaurants in Schweden, die mit zwei Michelin-Sternen ausgezeichnet wurden – die Kritiken lügen nicht: Die Kochkünste der Brüder und Spitzenköche Ebbe und Mats Vollmer sind ein kulinarischer Traum. Besonders schön: Die Preise sind sehr fair, vor allem wenn man bedenkt, wie viel Arbeit in diesen kulinarischen Kunstwerken steckt.

Tegelgårdsgatan 5, www.vollmers.nu, Telefon 40579750, Öffnungszeiten Do–Sa 17:00–Open End Preis Menü 2.495 Skr, Bus 1, 2, 4, 7, 8, 35, 54 Gustav Adolfs Torg

㉜ Geschmack sagt mehr als tausend Worte, sagt man bei **Julie Vinbar**. Und das stimmt: Neben einer großen Auswahl an Weinen wird hier ein sorgfältig zusammengestelltes Sortiment an Käse und Wurstwaren angeboten. Mittwochabends kannst du hier an einer Weinprobe teilnehmen (vorher reservieren!).

Tegelgårdsgatan 9, www.juliemalmo.se, Telefon 406271160, Öffnungszeiten Mo–Sa 13:00–22:00, Preis Weinprobe ab 450, Glas Wein ab 75 Skr, Bus & Bahn Centralstation, Bus 2, 4, 7, 8 Gustav Adolfs Torg

㉟ **Malmö Saluhall** ist eine neu eröffnete Markthalle am Rande des historischen Zentrums von Malmö. Für Architekturliebhaber ist allein schon das Gebäude ein Genuss. Weitere Genüsse bietet die Markthalle natürlich mit ihren frischen Qualitätsprodukten und Mahlzeiten. Malmö Saluhall bietet alles, von heißer Schokolade und Käse bis hin zu selbst hergestelltem Eis und Brot, Salat und Pizza.
Gibraltargatan 6, www.malmosaluhall.se, Telefon 406267730, Öffnungszeiten Mo–Do 10:00–19:00, Fr 10:00–21:00, Sa 10:00–17:00, So 11:00–16:00, Bus & Bahn Centralstation

㊱ **Saltimporten Canteen** ist nicht das, was man von einem normalen Restaurant erwartet. Zwei berühmte schwedische Köche bieten in einem alten Salzschuppen am Kai ein Spitzenessen zu einem guten Preis an. Allerdings haben sie nur zwei Stunden am Tag geöffnet! Das Menü wechselt täglich und wird immer aus regionalen, frischen Produkten zusammengestellt.
Hullkajen, Grimsbygatan 24, www.saltimporten.com, Telefon 706518426, Öffnungszeiten Mo–Fr 12:00–14:00, Preis Lunch 95 Skr, Bus & Bahn Centralstation, Bus 31 Slagthuset

32
SÖNDAGAR PÅ JULIE

12

12

12
SMÅLAND
THERE IS ALWAYS TIME FOR
EKO VEGO-BUFFÉ 135:- inkl. soppa
må-fre 11-14
lör-sön 12-14

12

32

SHOPPEN

③ Die Auswahl an verschiedenen Geschmacksrichtungen der **Malmö Chokladfabrik** ist riesig, aber alle haben eines gemeinsam: Die Schokolade ist so biologisch und fair gehandelt wie möglich und enthält keine unnötigen Zusatzstoffe. Probiere zum Beispiel die *Sverigestruten* (schwedische Kegelschokolade), dunkle Milchschokolade mit Karamell und Himbeerstücken.

Möllevångsgatan 36b, www.malmochokladfabrik.se, Telefon 40459505, Öffnungszeiten Mo–Fr 10:00–18:00, Sa 10:00–15:00, Bahn Station Triangeln

⑫ Tritt ein in eine grüne Lifestyle-Boutique, im wörtlichen wie im übertragenen Sinne, denn bei **AB Småland** tauchst du sofort ein in eine mit zahlreichen Pflanzen üppig gefüllte Oase. Hier findest du eine „handverlesene" Auswahl an Einrichtungs- und Modeartikeln, die alle aus organischen oder recycelten Materialien hergestellt werden. Der bunte Mix aus einzigartigen Vintage-Möbeln, Pflanzen und Kaffee macht diesen Ort zu etwas ganz Besonderem.

Södra Förstadsgatan 25/27, www.absmaland.com, Telefon 722488920, Öffnungszeiten Boutique Mo–Fr 10:00–18:00, Sa 10:00–17:00, So 11:00–16:00, Café Mo–Sa 10:00–17:00, So 10:00–16:00, Bus Davidshall, Bahn Station Triangeln

⑬ **Grandpa Store** ist ein „Scandinavian Life Store", der von drei Freunden gegründet wurde. Gemeinsam haben sie 2003 ihr erstes Geschäft eröffnet. Heute gibt es mehrere Concept Stores, von denen einer in Malmö liegt. Hier wird der klare skandinavische Lebensstil gelebt, von Mode bis hin zu Wohnartikeln.

Södra Förstadsgatan 25, www.grandpastore.com, Telefon 406513166, Öffnungszeiten Mo–Fr 11:00–18:00, Sa 11:00–17:00, So 12:00–16:00, Bus 1, 2, 7, 8, 35, 54 Davidshall

⑮ Im Designgeschäft **Designtorget** gibt es eine Jury, die neues Design anhand mehrerer Punkte bewertet: Das Design muss ins Konzept passen, von hoher Qualität und nachhaltig produziert worden sein. Auf diese Weise wird eine einzigartige, unabhängige Kollektion sowohl bekannter als auch unbekannter Designer zusammengestellt. Die Produkte sind immer nur für eine begrenzte Zeit im Geschäft zu finden, so stößt du bei jedem Besuch auf etwas Neues.

Södra Förstadsgatan 9, www.designtorget.se, Telefon 40307082, Öffnungszeiten Mo–Fr 10:00–18:00 Sa 10:00–17:00, So 11:00–16:00, Bus 1, 2, 7, 8, 35, 54 Davidshall

㉑ **Granit** ist ein Geschäft voller stilvoller kleiner Accessoires und nützlicher Dinge für zu Hause. Es bietet eine große Auswahl an erschwinglichen Produkten für dein Wohnzimmer, deine Küche und dein Büro. Hier findest du Lampen, Geschirr, Teppiche und Truhen, bei denen Design und Funktionalität im Mittelpunkt stehen … absolut skandinavisch also.
Södergatan 3, www.granit.com, Telefon 40231555, Öffnungszeiten Mo–Fr 11:00–18:00, Sa 11:00–16:00, Bus & Bahn Centralstation

㉙ **Miloii** ist ein Lifestyle-Geschäft, das von der Stylistin Karolina eröffnet wurde. Die Boutique bietet eine große Auswahl an Kleidung, Accessoires und Einrichtungsmarken, viele aus Skandinavien, z. B. das schwedische Label Rodebjer und Nué Notes, Ganni sowie Baum und Pferdgarten aus Dänemark.
Engelbreksgatan 17, www.miloii.se, Telefon 40975240, Öffnungszeiten Mo–Fr 11:00–18:00, Sa 11:00–16:00, Bus 1, 2, 4, 7, 8, 35, 54 Gustav Adolfs Torg

㉚ Eine Alternative zur Fast Fashion und den großen Ketten ist **Uma Bazaar**. Diese Boutique verkauft Marken, die auf den gesamten Produktionsprozess ihrer Kleidung achten, zum Beispiel Sissel Edelbo, eine Marke, die Saris zu besonderen Kleidern und Bademänteln recycelt. Zudem gibt es hier tolle T-Shirts und (Beauty-)Accessoires. Eine schöne Boutique für sie und ihn.
Per Weijersgatan 9, www.umabazaar.com, Telefon 40123085, Öffnungszeiten Mi 12:00–19:00, Do–Fr 12:00–18:00, Sa 11:00–16:00, Bus 1, 2, 4, 7, 8, 35, 54 Gustav Adolfs Torg

FREIZEITTIPPS

⑤ **Folkets Park** soll der weltweit älteste öffentliche Park mit gesellschaftlichen Veranstaltungen und einer der meistbesuchten Orte Schwedens sein. Seit fast 120 Jahren ist dies jedenfalls ein Ort für die ganze Familie. Hier gibt es unter anderem ein Kulturzentrum mit Club- und Kulturabenden (**Moriska Paviljongen**), einen Minigolfplatz, einen Streichelzoo, ein beliebtes Café mit großer Terrasse (**Far i Hatten**), einen Jahrmarkt und noch vieles mehr.
Falsterbogatan 9, www.malmofolketspark.se, Telefon 40341000, Park immer geöffnet, verschiedene Öffnungszeiten für Attraktionen und Cafés, Eintritt Park gratis, Bus 5, 32 Folkets Park

15
DesignTorget
JAN STENMARK
SKÄGG

21
79kr

⑭ Das **Victoria Teatern** ist ein sogenanntes Picknick-Theater, in dem du zu einer Aufführung oder einem Konzert dein eigenes Essen mitbringen kannst. Viele Aufführungen sind auf Schwedisch, aber es gibt auch Auftritte von internationalen Bands. Das Programm mit den verschiedenen Aufführungen und Konzerten findest du auf der Webseite oder auf den Plakaten am Eingang. Karten kannst du telefonisch oder online reservieren.

Förstadsgatan 18, www.victoria.se, Telefon 40976602, Öffnungszeiten und Preise auf der Website, Bus 1, 2, 7, 8, 35, 54, 84 Davidshall

⑲ Erkunde und entdecke Malmö vom Wasser aus. Miete dir ein Tretboot bei **Cityboats** und lass dich auf dem Kanal entlang des schönen, grünen Parks treiben. Keine Lust, in die Pedale zu treten? Dann kannst du auch das **GoBoat**, eine luxuriöse Version mit Motor, mieten, auf dem es sich ebenfalls perfekt picknicken lässt. So kannst du ganz entspannt das historische Zentrum Malmös umrunden.

Cityboats: im Raoul Wallenbergs Park am Kanal, in der Nähe der Admiralsbrücke; GoBoat (Rundan-Sightseeing): Norra Vallgatan 60; www.cityboats.se, goboat.se; Telefon Cityboats 704710067, GoBoat 406117488; Öffnungszeiten Cityboats täglich

Mai 12:00–18:00, Juni–Aug. 11:00–19:00, Sept. Sa–So 12:00–18:00, GoBoat täglich 11:00–18:00; Preis Cityboat 60 Minuten 180 Skr, GoBoat 60 Minuten 499 Skr; Bus 5, 31, 32, 100, 133, 146 Studentgata

㉓ Hast du Lust, dich zu bewegen? Dann versuche dich doch mal bei einer Partie Boule an der **Boulebar**. In diesem beeindruckend schönen, typisch skandinavischen gelben Gebäude kannst du dich aber nicht nur sportlich betätigen, sondern – davor oder danach – auch gutes Essen und Trinken genießen.
Drottningtorget 8, www.boulebar.se, Telefon 406222343, Öffnungszeiten Mo–Do 15:00–23:30, Fr 11:00–1:00, Sa 10:30–1:00, So 10:30–18:00, Öffnungszeiten im Winter siehe Website,Preis 90 Minuten 150 Skr pro Person, Brunch am Wochenende inklusive Boulespiel 350 Skr, Bus 3 Drottningtorget

㉝ Der **Kungsparken** (Königspark) wurde im Jahr 1872 angelegt und war damals der erste große Park in Malmö. Er ist mit Blumen übersät, besondere Bäume sind zuhauf zu finden und er wird von vielen Wegen durchzogen. Der **Slottsparken** (Schlosspark) wurde etwas später, im Jahr 1900, angelegt und ist heute dicht bewachsen. Hier gibt es eine Reihe von Teichen und das gemütliche, empfehlenswerte **Slottsträdgårdens Kafé**.
Malmöhusvägen 8 (Café), www.slottstradgardenskafe.se, Telefon 40304034, Öffnungszeiten Café Sommer Mo–Fr 11:00–15:30, Sa–So 11:00–17:00, Winter Sa–So 11:00–15:30,Preis Kaffee 33 Skr, Bus 1, 4, 84, 141 Stadsbiblioteket

㊳ Bereits seit 1898 ist das **Ribersborgs Kallbadhus** ein Ort, an dem die Bewohner der Stadt Erholung suchen. Es gibt zwei große Außenschwimmbecken, die im Meer angelegt sind, und fünf Saunas. Hier kannst du dich zuerst bei einer Massage und anschließend im Restaurant verwöhnen lassen. Jeden ersten Montag im Monat gibt es eine queren Saunatag, an dem die sonst streng voneinander getrennten Bäder und Saunen keinen Unterschied zwischen den Geschlechtern machen.
Limhamnsvägen, Brygga 1, www.ribersborgskallbadhus.se, Telefon 40260366, Öffnungszeiten Mai–Aug. Mo–Fr 9:00–21:00, Sa–So 9:00–18:00, Sept.–April Mo–Fr 10:00–19:00, Mi 10:00–20:00, Sa–So 9:00–18:00, Eintritt 70 Skr, Bus 7 Ribersborg

WAS ES SONST NOCH GIBT

Wenn du den Routen in diesem Guide folgst, kommst du automatisch an den wichtigsten Sehenswürdigkeiten der Stadt vorbei. Aber es gibt darüber hinaus auch noch eine Reihe von Orten und Sehenswürdigkeiten, die zu besuchen es sich lohnt. Im Folgenden möchten wir dir ein paar davon kurz vorstellen. Aber beachte: Einige von ihnen liegen etwas weiter vom Zentrum entfernt, du kannst sie aber gut mit öffentlichen Verkehrsmitteln erreichen.

Ⓐ Südlich von Christianshavn liegt der Stadtteil Amager mit den **Amager Strandparken**, einem etwa zwei Kilometer langen aufgeschütteten Strand am Öresund. Hier kannst du auf der einen Seite im Meer und auf der anderen in der geschützten „Lagune" schwimmen und dabei die Aussicht auf die Øresundbrug und Malmö genießen. Zudem kannst du hier Kanus mieten und Tauchstunden nehmen. Im Sommer haben einige kleine Kioske und Bars geöffnet.
Amager Strandvej, Telefon 26302483, Metro Amager Strand & Femøren

Ⓑ Zwischen Helsingør und Kopenhagen, an der schönen Küstenstraße Strandvejen, liegt das Museum für moderne Kunst **Louisiana**. In der Dauerausstellung werden Werke von Picasso, Warhol und Giacometti gezeigt, dazu gibt es wechselnde Sonderausstellungen. Das Museum hat einen traumhaften Skulpturenpark mit meterhohen Skulpturen und einem herrlichen Blick auf das Meer.
Gammel Strandvej 13, Humlebæk, www.louisiana.dk, Telefon 49190719, Öffnungszeiten Di–Fr 11:00–22:00, Sa–So 11:00–18:00, Eintritt 125 Dkr, Bahn Humlebæk (Richtung Helsingør)

Ⓒ Nördlich von Kopenhagen liegt die alte Handelsstadt **Helsingør**. Im 17. und 18. Jahrhundert war sie der nördliche Ausgangspunkt zu den Hansestädten. Jeder, der den Øresund passieren wollte, musste hier Zoll bezahlen. Die Stadt blickt auf eine reiche Geschichte zurück. Das zeigt sich auch heute noch in den Kirchen, dem Kloster, den stimmungsvollen Häusern und dem weltberühmten **Kronborg Slot** (Schloss Kronborg). 1639 erbaut, liegt es direkt an der Küste und blickt auf das schwedische Helsingborg. Das Schloss wurde insbesondere durch das Shakespeare-Drama *Hamlet* bekannt. Im Inneren kannst du den schönen Ballsaal und die unterirdische Soldatenresidenz besichtigen.

Ein weiterer Höhepunkt ist das neu gebaute und preisgekrönte **M/S Museet für Søfart**, das vom dänischen Architekten Bjarke Ingels entworfen wurde. Hier erfährst du alles über die bedeutungsvolle Geschichte der Seefahrt Dänemarks.

Schloss: Kronborg 2c, Helsingør, Museum: Ny Kronborgvej 1, Helsingørwww.kronborg.dk, www.mfs.dk,Telefon 49213078, mfs 49210685, Öffnungszeiten Schloss Okt.–April Di–So 11:00–16:00, Mai–Sept. täglich 10:00–17:00, Museum Di–So Sept.–Juni 11:00–17:00, Juli–Aug. 11:00–18:00, Eintritt Schloss Sept.–Mai 95 Dkr, Juni–Aug. 145 Dkr, Museum 120 Dkr, Bahnhof Helsingør

Ⓓ Auf dem Dach der Abfallverarbeitungsanlage in Amager wurde in 90 Meter Höhe ein komplettes Outdoor-Zentrum angelegt. Mit einer Skipiste, der höchsten Kletterwand der Welt und einem frei zugänglichen Park mit Verpflegungsmöglichkeiten ist **Copenhill** ein einmaliges Erlebnis. Dieser Ort lässt sich wunderbar mit Route 3 aus diesem Guide kombinieren!

Vindmøllevej 6, www.copenhill.dk, Telefon 51941920, Öffnungszeiten siehe Webseite, freier Eintritt zum Gipfel, Skifahre nGrundpreis 50 Dkr + 150 Dkr pro Stunde, Bus 37 Amagerværket

Ⓔ Das direkt am gleichnamigen Fjord gelegene **Roskilde** ist in weniger als einer halben Stunde mit dem Zug vom Zentrum Kopenhagens zu erreichen. Roskilde ist die ursprüngliche (Wikinger-)Hauptstadt Dänemarks. Von hier aus eroberte der legendäre Wikinger Ragnar Lodbrok um 850 mit seinen Kriegern Nordeuropa. In der Stadt und im direkten Umland, vor allem aber im Fjord wurden immer wieder besondere Schätze gefunden, hierunter zahlreiche Wracks von Wikingerschiffen. Mehrere Nachbauten dieser Schiffe und viele historische Objekte sind im **Vikingeskibsmuseet** zu bewundern. Im Sommer kannst du auf einem solchen Schiff aufs Meer hinausfahren. Darüber hinaus ist die tausendjährige **Roskilde Domkirke** (Kathedrale von Roskilde), in der die Vorfahren der Königsfamilie begraben sind, einen Besuch wert. Besonders bekannt ist die Stadt allerdings für das alljährlich im Frühsommer stattfindende Roskilde-Festival (siehe die Webseite www.roskilde-festival.dk).

Wikingermuseum: Vindeboder 12, Roskilde, www.vikingeskibsmuseet.dk, Telefon 46300200, Öffnungszeiten täglich Mitte Mai bis Aug. 10:00–17:00, Sept. bis Mitte Mai 10:00–16:00, Eintritt 115–150 Dkr (je nach Saison), Bahnhof Roskilde, dann Bus 607 oder 852 Sankt Ibs Vej

(F) Auf der Insel Amager, die teilweise zu Kopenhagen gehört, liegt das idyllische Fischerdorf **Dragør**. Die Geschichte des Dorfes reicht bis ins 13. Jahrhundert zurück, wurde aber erst interessant, als König Christian II. eine Gruppe niederländischer Bauern einlud, hier mit ihren fortschrittlichen landwirtschaftlichen Techniken Gemüse für die königliche Familie anzubauen. Unter anderem führten die Niederländer die Möhre in Dänemark ein. Immer wieder kam es aufgrund der Rivalität zwischen den Niederländern und den Anwohnern zu Spannungen. Die Niederländer blieben, behielten aber für die nächsten drei Jahrhunderte ihre eigene Sprache und Tradition bei. Einige Zeugnisse davon sind heute noch an mehreren Stellen im Dorf zu sehen. Achte in der Altstadt einmal auf die Straßennamen. Erkunde das alte Fischerdorf und besuche das **Museum Amager**, wenn du mehr über die Niederländer, die damals in Dänemark lebten, erfahren möchtest.

Hvedgaden 4, Store Magleby, Dragør, www.museumamager.dk, Telefon 30108866, Öffnungszeiten siehe Webseite, Eintritt 50 Dkr, Øresundtog bis Tårnby Station, dann Bus 350s oder 35 bis Store Magleby Kirke

(G) Das beeindruckende **Frederiksborg Slot** (Schloss Frederiksborg) von 1620 liegt auf einer Insel in einem See. Es wurde im französisch-niederländischen Renaissancestil erbaut und hat einen schönen Barockgarten. Im Schloss befindet sich heute ein Museum, das u. a. die nationale Porträtgalerie beherbergt. Dort hängen Porträts berühmter Dänen wie Hans Chrisian Andersen, Karen Blixen (Schriftstellerin unter dem Pseudonym Isak Dinesen) und der königlichen Familie.

Slotsgade, Hillerød, www.dnm.dk, Telefon 48260439, Öffnungszeiten täglich April–Okt. 10:00–17:00, Nov.–März 11:00–15:00, Eintritt 75 Dkr, Bahnhof Hillerød, dann Bus 701 oder 702

(H) Das Museum für moderne Kunst **Arken** sieht aus wie ein großes weißes Schiff. In dem markanten Gebäude am Ishøj-Strand sind hauptsächlich Werke skandinavischer Künstler aus der Zeit von 1990 bis heute zu sehen. Das Museum präsentiert über 400 Werke, die von Fotografien und Installationen bis hin zu Videokunst und Malerei reichen.

Skovvej 100, Ishøj, www.arken.dk, Telefon 43540222, Öffnungszeiten Di & Do–So 10:00–17:00, Mi 10:00–21:00, Eintritt 130 Dkr, Bahnhof Ishø (Zug Richtung Køge oder Hundige), dann Bus 128

Ⓘ **Den Blå Planet** – der blaue Planet – ist das größte Aquarium Nordeuropas und bietet ein einzigartiges Erlebnis für die ganze Familie. Der hochmoderne Komplex ist von Wasser umgeben, sodass es sich anfühlt, als wäre man selbst im Wasser.

Jacob Fortlingsvej 1, Kastrup, www.denblaaplanet.dk, Telefon 44222244, Öffnungszeiten Mo 10:00–21:00, Di–So 10:00–17:00, Eintritt 185 Dkr, Metro Kastrup

Ⓙ **Ørestad** ist ein riesiges neues Stadtviertel, das nach dem Bau der Öresundbrücke entstanden ist. Die Metro-Linie 1 fährt durch den gesamten Bezirk, sodass alle Teile leicht erreichbar sind. Entlang der Metro-Linie stehen zahlreiche architektonische Highlights, das erste ist das Universitätsgebäude an der Haltestelle Islands Brygge. Gehe von dort weiter zu den Studios des öffentlichen dänischen Rundfunks und dann zum **Bella Sky Field's**, dem größten Einkaufszentrum Skandinaviens, und weiter zu ausgefallenen Apartmentkomplexen. Am Ende dieser Route steht das imposante Gebäude in Form einer Acht von BIG Architekten: **8-tallet**. Hier kannst du auf der Terrasse etwas trinken. Westlich von Ørestad liegt **Amager Fælled**, ein Naturschutzgebiet in der Stadt, das im Sommer ein tolles Ziel für einen Spaziergang oder eine Radtour ist.

Ørestad, Metro 1

Ⓚ Die bezaubernde mittelalterliche Stadt **Lund** ist die drittälteste Stadt Schwedens und wurde um das Jahr 1000 von den Dänen gegründet. Rund um die Kathedrale stehen süße, farbenfrohe Häuser mit vielen gemütlichen Lokalen und Geschäften. Außerdem gibt es schöne Parks, herrschaftliche Villen und besondere Museen. Lund ist eine echte Studentenstadt und daher immer mit Leben gefüllt. Aus Kopenhagen erreichst du Lund mit dem Zug innerhalb einer Stunde, von Malmö sind es nur 20 Minuten.

Lund, Øresundtog

Ⓛ Etwas nördlich von Kopenhagen liegt **Jægersborg Dyrehave** (Tierpark Jægersborg), ein Naturpark mit rund 2.000 wilden Hirschen. Es ist eine traumhafte Gegend zum Wandern oder um dem Stadtleben für eine Weile zu entfliehen. Der Park liegt direkt an der Küste und lässt sich sehr gut mit einem Strandspaziergang kombinieren.

Dyrehaven, 2930 Klampenborg, jederzeit frei zugänglich, S-Bahn Klampenborg

AUSGEHEN

Kopenhagen hat in puncto Unterhaltung für jeden Geschmack eine Menge zu bieten. Die besten Viertel zum Ausgehen sind Vesterbro, Nørrebro und das Stadtzentrum. Dort gibt es viele elegante Clubs, gute Weinbars und mehrere (lokale) Brauereien.

Dänemark investiert viel Geld in Kultur, und das schlägt sich in der Qualität der Theater und des vielfältigen Musikangebots, unter anderem von Det Kongelige Teater, Operaen und DR Byen, nieder. Beliebte Festivals, die auf jeden Fall einen Besuch wert sind, sind Roskilde und die (teilweise) kostenlosen Festivals Distortion und Copenhagen Jazz Festival.

Die Einflüsse des dänischen Nachtlebens sind natürlich auch im schwedischen Malmö spürbar. Dort kannst du im Nachtclub **Babel**, in der alten Kirche in der Spångatan, bis spät in die Nacht feiern. Oder du genießt leckere Cocktails bei **MJ's** oder in der Boulebar.

IMPRESSUM

© 2021 published by mo'media, Rotterdam. Die Originalausgabe mit dem Titel »time to momo KOPENHAGEN+Malmö« ist im September 2021 im Verlag mo'media erschienen.

This edition is published by Bruckmann Verlag GmbH
in cooperation with »time to momo«.
Autorin: Amanda van den Hoven
Fotos: David in Den Bosch, Petra de Hamer, Duncan de Fey
Layout: Studio 100%, Oranje Vormgevers
Kartografie: Van Oort redactie en kartografie
Repro: MasterColors Media

DEUTSCHE AUSGABE
© 2022 Bruckmann Verlag GmbH,
Infanteriestraße 11a, 80797 München

Verantwortlich: Claudia Hohdorf
Übersetzung: Philipp Diepmans
Redaktion: Helga Peterz
Korrektorat: Viola Siegemund,
Christiane Gsänger
Satz: Silke Schüler
Repro: LUDWIG:media
Herstellung: Alexander Knoll
Printed in Slovenia by Florjancic

ISBN 978-3-7343-1878-8

★★★★★

Sind Sie mit diesem Titel zufrieden? Dann würden wir uns über Ihre Weiterempfehlung freuen. Erzählen Sie es im Freundeskreis, berichten Sie Ihrem Buchhändler, oder bewerten Sie bei Onlinekauf. Und wenn Sie Kritik, Korrekturen, Aktualisierungen haben, freuen wir uns über Ihre Nachricht an Bruckmann Verlag, Postfach 40 02 09, D-80702 München oder per E-Mail an lektorat@verlagshaus.de.

Unser komplettes Programm finden Sie unter www.bruckmann.de

Alle Angaben dieses Werkes wurden von der Autorin sorgfältig recherchiert und auf den neuesten Stand gebracht sowie vom Verlag geprüft. Für die Richtigkeit der Angaben kann jedoch keine Haftung übernommen werden, weshalb die Nutzung auf eigene Gefahr erfolgt. Insbesondere bei GPS-Daten können Abweichungen nicht ausgeschlossen werden. Sollte diese Werk Links auf Webseiten Dritter enthalten, so machen wir uns die Inhalte nicht zu eigen und übernehmen für die Inhalte keine Haftung.

In diesem Buch wird aus Gründen der besseren Lesbarkeit das generische Maskulinum verwendet. Weibliche und anderweitige Geschlechteridentitäten werden dabei ausdrücklich mitgemeint, soweit es für die Aussage erforderlich ist.

Die Deutsche Nationalbibliothek verzeichnet diese Publikation in der Deutschen Nationalbibliografie; detaillierte bibliografische Daten sind im Internet über http://dnb.d-nb.de abrufbar.

ERSCHIENEN

ISBN 978-3-7343-2581-6

ISBN 978-3-7343-2576-2

ISBN 978-3-7343-2580-9

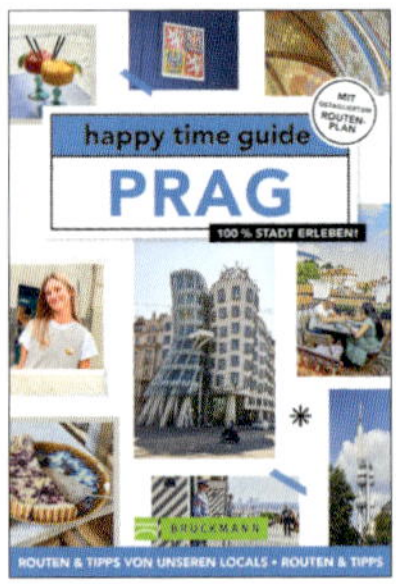

ISBN 978-3-7343-2579-3

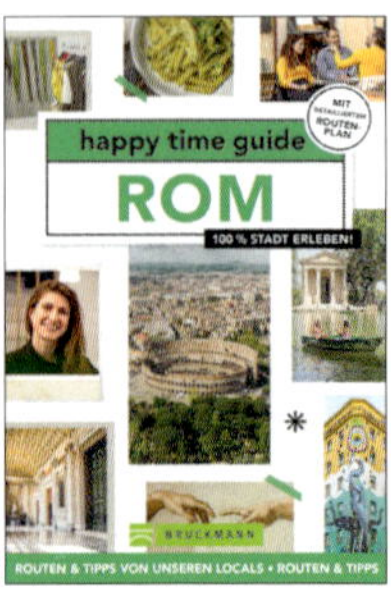

ISBN 978-3-7343-2578-6

ISBN 978-3-7343-2577-9

IN GLEICHER REIHE

ISBN 978-3-7343-2021-7

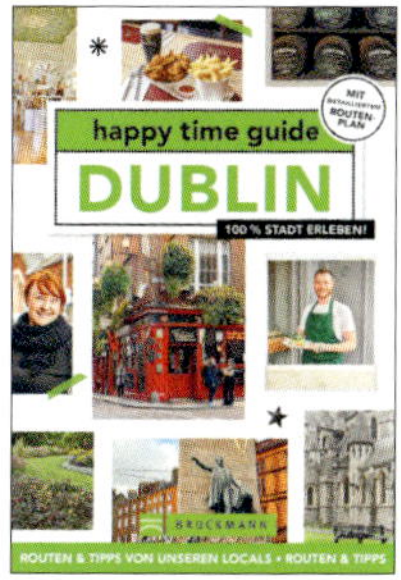

ISBN 978-3-7343-2583-0

ISBN 978-3-7343-1878-8

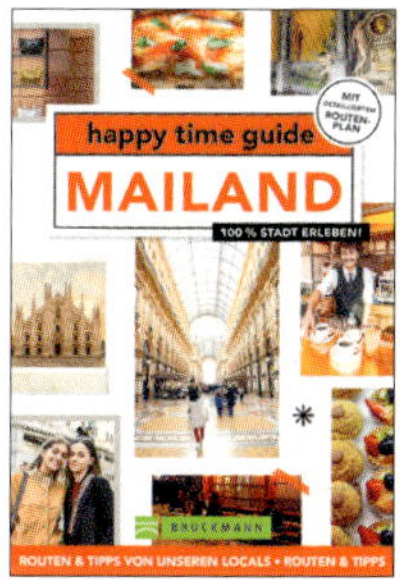

ISBN 978-3-7343-2582-3

Happy time guide – mehr als ein Reiseführer!

Der happy time guide nimmt dich mit auf unterschiedliche Spaziergänge, auf denen du die Stadt in deinem eigenen Tempo entdeckst und den Lebensstil der Locals kennenlernst. Und das alles, ohne dich vorbereiten zu müssen! Alle Adressen sind persönliche Empfehlungen der Autoren, die in der Stadt leben. Mit inspirierenden Bildern und praktischen Ausklappkarten.

BRUCKMANN

www.bruckmann.de

VERKEHR

SHOPPEN

FREIZEITTIPPS

REGISTER